POVR
LE
CHAPITRE GENERAL
DE
L'ORDRE DE CISTEAVX.
CONTRE
LES ABSTINENTS
DV MESME ORDRE.

A PARIS.

M. DC. LX.

CE difcours à l'infpection femble eftre de longue eftenduë à caufe du nombre des pages.

En fa fubftance & en fes expreßions il eft dans l'extreme briefueté, eu efgard à la confiftence la qualité & l'importance de l'affaire.

Apres l'auoir leu en fon entier, on fera perfuadé que tout ce qu'il contient ne pouuoit eftre plus fuccintement expliqué, Que le tout eft neceffaire, Qu'il n'y a rien de fuperflu, encores moins d'inutile.

La Table qui eft à la fin, pour en faire la fection par articles, expofe tout ce qui en eft, & facilite le moyen de trouuer en vn moment tel poinct qu'on voudra voir du faict ou de la conteftation.

Tout ce qui eft allegué en ce difcours eft iuftifié par pieces produites au procez, il n'y a pas vn faict qui foit non feulement contraire à la verité, mais aucunement efloigné d'icelle.

On eftime qu'il peut feruir de refponfe (quoy qu'il n'aye pas efté fait à cette fin) au Liure de l'Abbé de Prieres, duquel il eft parlé cy-apres page CXXVII. qui eft vne compilation de tout ce qu'il a efcrit en ce procez pour les Abftinents.

En ce Liure il y a fix fois autant & plus de lecture qu'en ce difcours.

Comme dans le Liure on s'eft donné la licence au dernier degré, d'impofer contre la verité des faits & la teneur des pieces.

Ce difcours a efté fait auec exactitude pour la verité, afin d'indiquer les pieces fur lefquelles la verification en peut eftre faite, & fupplier la Cour de ne croire de ce procez que ce qu'elle en verra par les pieces.

Les principales fautes furuenuës en l'impreßion font corrigées en fuite de la Table, & les omißions fupplées.

SOMMAIRE HISTORICQVE,

auec les remarques neceſſaires à la deciſion, du grand procez pourſuiuy au Parlement.

PAR DOM PIERRE VVIART ABBE'

de Vauladouce de l'Ordre de Ciſteaux, Procureur General dudit Ordre en France, eſtably par le Chapitre General du meſme Ordre, & Dom Iehan Tedenat Religieux dudit Ordre, Doĉteur en Theologie de la Faculté de Paris, Commiſſaire General députe par ledit Chapitre General pour toutes les affaires dudit Ordre, appellants comme d'abuz, intimez, oppoſants, demandeurs & deffendeurs.

CONTRE DOM LEONARD GAVTIER

Abbé du Pin dudit Ordre de Ciſteaux, & Dom Charles Bourgeois Abbé de la Charmoye du meſme Ordre, & Prouiſeur du College des Bernardins en l'Vniuerſité de Paris, & autres, tous ſoy diſants les Religieux Abbez & Conuents de l'eſtroiĉte obſeruance dudit Ordre de Ciſteaux, intimez, appellants comme d'abuz, deffendeurs, & demandeurs.

E different conſiſte tout en faiĉt, dans lequel leſdits Wiart & Tedenat eſdits noms ont eſté autant fidels & ponĉtuels à ſe tenir aux termes de la pure verité, que leſdits Gautier & conſorts ont eſté artificiels & libres à la déguiſer, diſſimuler, inuenter & impoſer à l'encontre, meſmes auec calomnies, ce qui à obligé leſdits Wyart & Tedenat, pour diſcerner le vray d'auec le faux, & iuſtifier ce diſcernement, d'eſcrire & produire plus amplement que leurs aduerſaires.

En ces quatre premieres pages eſt le plan de tout le procez.

Il eſt important de conſiderer d'entrée quelles ſont les parties, & quelles leurs pretenſions, pour empeſcher la ſurpriſe ou preuention qui arriue ſouuent & facilement du tiltre ſpecieux de Reformez & du pretexte de Reforme, dans les affaires des Reguliers.

Soubs le nom ou par l'organe deſdits Wyart & Tedenat agit en ce procez *Le Chapitre General de l'Ordre de Ciſteaux*, c'eſt à dire tout le Corps de l'Ordre, compoſé des Abbez & Religieux d'vne quantité inombrable d'Abbayes, ſituées entoute l'eſtenduë

Qualitez des parties d'vne part & d'autre.

A

de la Chrestienté, iusques à l'extremité du Pole & au delà des Mers, tellement que pour mieux exprimer les parties pour lesquelles lesdicts Wyart & Tedenat poursuiuent, la designation en est faicte cy-apres par ce mot *Le Chapitre General*.

Les parties opposées font les Abbez & Religieux d'enuiron trente Abbayes du mefme Ordre en France feulement, efquelles depuis 1618. par permiffion du Chapitre General on obferue durant tout le cours de l'année l'abftinence de chair, fauf les difpenfes que donnent les Superieurs Abftinents quand il leur plaift, de laquelle abftinence on ne fait aucun vœu dans la profeffion des Abftinents ny autrement, Au lieu que dans les autres Abbayes de l'Ordre en France, lefquelles font en nombre fans proportion plus grand, & en toutes les autres Abbayes de l'Ordre hors le Royaume, fans exception quelconque, il y a vfage de chair en quelques iours de chacune fepmaine, en vertu de difpenfe obtenuë du fainct Siege l'an 1475, fans l'authorité duquel comme les Regles des Ordres Monafticques ne peuuent fubfifter ny obliger, auffi la mefme authorité en peut difpenfer, comme de chofe qui eft de droict pofitif, & l'effect de cette difpenfe n'eft qu'enuiron du tiers de l'année fur le total, à caufe des iours de ieufne de l'Eglife & de l'Ordre, efquels la difpenfe ceffe, de forte que les Abbez & Religieux de l'Ordre qui practicquent l'abftinence continuelle font vulgairement appellez *Abftinents*, pour les diftinguer de l'obferuance commune & generale de l'Ordre, & par cette raifon lefdits Gautier & conforts font defignez cy-apres par ce mot vnicque *les Abftinents*.

Pretenfions des parties d'vne part & d'autre. Quoy qu'ils en difent, la queftion de ce procez n'eft point de reformer l'Ordre de Cifteaux, il a fa Regle qui eft celle de fainct Benoift, & fes Reglements particuliers, eftablis par Bulles primitiues des Papes, par Decrets du Chapitre General, duquel la Superiorité & Iurifdiction en l'Ordre deriuée du tiltre primordial d'iceluy a efté authorifée par les Bulles, defquelles il y a eu approbation par Lettres Patentes de nos Roys, & homologation au Parlement.

La Regle & les Reglements font obferuez en l'Ordre, s'il y a des perfonnes d'iceluy ou des Communautez lefquelles y manquent ou y contreuiennent, il doit eftre pourueu à les remettre & tenir en leur deuoir, par le Chapitre General, l'Abbé de Cifteaux, & les quatre premiers Peres de l'Ordre, qui font les Abbez de la Ferté, Pontigny, Clairuaux, & Morimond, & autres Peres Abbez, chacun en fa filiation, & auffi par les Vicaires des Prouin-

ces, par Visites ordinaires & extraordinaires, & autres actes de
Iurisdiction Ecclesiastique, comme dans tous les Ordres reguliers. Mais ces voyes Canoniques pour entretenir la discipline
dans cét Ordre, ont esté trauersées & empeschées par les troubles
que les Abstinents ont excité depuis plusieurs années, pour faciliter & auancer le dessein qu'ils ont formé, qui est en preten-
dant reformer ce Grand Ordre, de le soûmettre à leur Domina-
tion, ou se soustraire à la Iurisdiction d'iceluy, rompre l'vnion
essentielle en cét Ordre par son institution, & en ce faisant le
destruire.

Le *Chapitre General* pour le maintenir a recours à la Iustice
du Parlement, de laquelle l'Arrest qu'il espere sera d'autant plus
illustre pour vne si Auguste Compagnie, qu'en ce temps de Pa-
cification il donnera à l'Ordre de Cisteaux la paix spirituelle pre-
cieuse aux Reguliers, ce qui ne sera pas seulement pour les Subjets
du Roy, mais de plus pour toutes les nations qui viuent dans le
Christianisme & en l'vnion de l'Eglise.

Par cét Arrest tant souhaité Il n'y a qu'vne question en effect
à iuger sur toutes les instances du procez, laquelle est au vray
celle cy. Sçauoir, Quoy que dans tout l'Ordre de Cisteaux, hors
ce qui est de l'abstinence continuelle de chair, on soit obligé (ce
qui n'est pas reuocqué en doubte) d'obseruer ce que *Les Absti-*
nents se disent obseruer, & quelques articles de plus, de la regle
de sainct Benoist & des reglements de l'Ordre, si on est encore
tenu d'obseruer l'abstinence continuelle de chair, pour estre de
l'estroite obseruance de l'Ordre, de laquelle *les Abstinents* se pretendent estre, S'il y a lieu d'assujettir tout l'Ordre à cette abstinence. Et à cette fin, en laissant les Abbez & Religieux profez
en la faculté, ou d'obseruer l'abstinence, ou d'vser de la dispense
susdite d'icelle, Qu'il ne soit plus receu de Religieux à l'habit ny
à la profession qu'à la charge de l'abstinence, Qu'il ny ayt plus
d'Abbez ny par election ny par nomination du Roy que des
Abstinents, Quils ayent seuls voix actiue dans les elections, Qu'en
attendant que l'Ordre soit transformé de la commune obseruance en l'Abstinence, ou Qu'il y ayt abandonnement de la dispence par tous les Abbez reguliers, ils n'ayent plus de Iurisdiction en leurs Abbayes, Que l'authorité de l'Abbé de Cisteaux
& des quatre premiers Peres, tant qu'ils ne seront point de l'abstinence, soit reduite à vne simple Iurisdiction honoraire,
Que durant cette suspension, le Chapitre General qui n'est pas
seulement pour la France, mais pour toute la Chrestienté, de-

meure décheu de son pouuoir, en illusion à l'Ordre & à toute
l'Eglise.

Pour defigurer l'Ordre de Cisteaux en cette maniere, *Les Abstinents* ont essayé de faire valoir au Conseil priué du Roy en 1651.
deux pretenduës sentences qu'ils auoient fait expedier sous le nom
de feu Monsieur le Cardinal de la Roche-Foucauld en qualité de
Commissaire du Sainct Siege en 1634. & 35. portants ce qui est
succintement rapporté cy-dessus, lesquelles comme nulles &
insoustenables auoient esté laissées par *les Abstinents* sans execution, & qui auoient esté auec eux infirmées sur appel simple par
trois Prelats deleguez du Sainct Siege en 1644.

Apellations com-
me d'abuz d'vne
part & d'autre.

Contre ces deux sentences, pour les abolir sans retour, & oster
aux *Abstinents* le mauuais vsage de ces deux pieces de reserue, par
lesquelles ils presumoient, ou paruenir à la conqueste de l'Ordre,
ou se maintenir en leur rebellion contre la Superiorité & Iurisdiction d'iceluy ; *Le Chapitre General* s'est pourueu par appel
comme d'abuz au Parlement, & contre la *Sentence* des trois
Prelats en ce qui est des Chefs d'icelle contraires aux droits de
l'Ordre.

Les Abstinents ont par vne espece de reconuention appellé
comme d'abus de ce qui a esté fait en l'Ordre selon la police d'i-
celuy depuis les Sentences, ainsi qu'il estoit fait de tout temps auparauant, pretendants que la contrauention aux Sentences soit
vn abus, & leur appel est pareillement de la Sentence des trois
Prelats en ce qu'elle infirme les deux susdites Sentences.

Lesquelles pour faire homologuer au Parlement, depuis qu'il
est saisi de l'appel comme d'abus d'icelles, *les Abstinents* ont eu
par surprise Lettres patentes du Roy, à la verification desquelles
Le Chapitre General est opposant.

C'est le plan du procez, autant racourcy qu'il puisse estre.
Ensuit l'explication aussi abregée, laquelle se resout à monstrer
que la pretension des Abstinents, d'assujettir l'Ordre à leur obseruance en ce qui est de l'abstinence, le surplus estant en vigueur,
est destituée de fondement, & qu'elle a esté iugée iniuste, dix

NOTA

fois par *Le Pape*, sept fois par *Le Roy*, deux fois par *le Parlement*
& vne fois par *Le Grand Conseil*.

1098.

Il est constant que l'Ordre de Cisteaux a commencé en
France l'an 1098. en l'Abbaye de Cisteaux (Mere commune &

Exclusion de la pre-
tenduë necessité de
l'Abstinence par les
tiltre de l'Ordre

Chef de tout l'Ordre) en l'obseruance exacte & litterale de la
Regle de sainct Benoist, pour la garder plus estroitement qu'elle
n'eust iamais esté dans les temps precedents.

En

V.

En 1119. les Douze premiers Monasteres de cette obseruance se sont aggregez, & ont formé le Corps de l'Ordre, par vn Tiltre appellé *La Carte de Charité*, pour viure en ces douze Maisons, & en celles qui seroient fondées à l'auenir du mesme Ordre, en la Regle de Sainct Benoist, *Sicuti in nouo Monasterio* (qui estoit Cisteaux) *obseruatur, alium non inducant sensum in lectione sanctæ regulæ, &c.*

1119.
Carte de Charité Cotte B, de la production desdits VVyart & Tedenat en l'instance principale. Contredits fol. 22.

Par cette regle il y a Injonction de l'abstinence de Chair, au Chapitre 36. *Sed & carnium esus infirmis omnino debilibusque pro reparatione concedatur, at vbi meliorati fuerint, à carnibus more solito omnes abstineant,* & au Chapitre 39. *Carnium vero quadrupedum omnino ab omnibus abstineatur comestio, præter omnino debiles & ægrotos.* Sainct Benoist auoit ordonné ce regime de viure en Italie, ou l'abstinence de chair est dautant plus facile, que l'vsage y en est moins frequent & moins necessaire qu'ailleurs.

Soubs la cotte V, est la Regle de Sainct Benoist.

Les austeritez de la regle, de plusieurs desquelles les Monasteres de l'Ordre primitif de Sainct Benoist s'estoient relaschez par succession de temps, durant le cours de plus de cinq siecles passez depuis Sainct Benoist, alors de l'institution de l'Ordre de Cisteaux, ont cessé en diuers articles dans cét Ordre dés le premier siecle d'iceluy, selon qu'il appert par le reproche qu'en a faict aux anciens Abbez & Religieux, par le Chapitre *Recolentes de statu Monachorum*, le Pape Alexandre III. duquel le Pontificat à commencé l'an 1159. la dispense d'Abstinence n'en à pas esté cause, puisqu'il n'en estoit encores aucune mention.

1159.

Non plus que dans le second siecle de l'Ordre, durant lequel il y a eu des contrauentions à la regle, selon qu'il appert par Bulle du Pape Clement IV. du 9. Iuin 1265.

9. Iuin 1265. Bulle du P. Clement IV. Cotte E, de ladite production. Contredits fol. 29.

Il y en a pareillement eu dans le troisiesme siecle, selon qu'il appert par la Benedictine, qui est la Bulle celebre faicte le 13. Iuillet 1334. pour la reformation de l'Ordre de Cisteaux, par le Pape Benoist XII. lequel auoit esté Religieux du mesme Ordre, dans lequel il ny auoit point encores alors de veritable ny generale dispense de l'Abstinence.

13. Iuillet 1334. Bulle du P. Benoist XII. soubs la Cotte F, de la 1. production des Abstinents. Contredits fol. 30.

Par cette Bulle en l'article XXII. les pretenduës dispenses particulieres, qui n'estoient que surprises vsurpations ou suppositions, ont esté abolies, ne pouuants subsister quand elles eussent esté veritables, à cause de la prohibition qu'il y auoit en l'Ordre, d'obtenir des priuileges en particulier, sans aucun empeschement d'en auoir pour l'Ordre en commun.

Contredits fol. 24.

Mais la mesme Bulle en l'article susdit à commencé d'intro-

Commencement de

duire dans l'Ordre des difpenfes de l'Abftinence pour tout l'Ordre en General, en quatre Chefs.

Le premier en ce qu'il eft dit, *Ne deinceps Abbates & Monachi dicti Ordinis, extra Monasteria feu loca conuentualia eiufdem Ordinis, & etiam ipfi Monachi infra Monasteria feu loca huiufmodi, aut in cameris, & extra infirmitorium commune, carnes vel pulmenta cum carnibus condita vel decocta præfumant comedere.*

En cette defenfe de l'vfage de chair hors les Monafteres, il y a deux permiffions d'en vfer au dedans, l'vne pour les Abbez, ce qui doit eftre entendu en leur logis Abbatial, ainfi qu'il appert cy apres que la Bulle l'explique, l'autre pour les Religieux *in infirmitorio communi*, ce qui doit eftre entendu auec la permiffion de l'Abbé.

Sur l'obiection de cette Bulle, l'euafion des *Abstinents* eft, de pretendre que la difpofition d'icelle foit pour les Malades, il y a plufieurs demonftrations au contraire, que c'eft pour les Abbez & Religieux qui font en Santé.

I. La Regle ayant excepté de l'Abftinence les malades, il n'a pas efté neceffaire d'y pouruoir par la Bulle, laquelle ne leur auroit pas fait des deffenfes, pour y apporter des exceptions.

II. La Bulle pour motif de la prohibition quelle fait aux Reguliers à dit, *Ne ab eis in gastrimargiæ lubricum defcendatur*, ce qu'il ny à pas lieu de craindre des malades.

III. Par la Regle les Malades pouuants vfer de chair, fans diftinction de lieux, la Bulle ne leur auroit pas defendu hors les Monafteres, il y auroit eu cét Inconuenient, qu'vn Religieux deuenant malade hors le Monaftere, il auroit efté priué du fecours neceffaire de l'vfage de chair, qui luy auroit efté permis en cét eftat dans le Monaftere, & que la Regle luy accorde indefiniment.

IV. La Defenfe de la Bulle eft d'vfer de Chair és lieux Conuentuels *aut in cameris*, ce qui ne peut eftre rapporté aux Religieux malades, lefquels en cét eftat ne demeurent plus en leurs chambres, mais font mis en l'Infirmerie.

V. La Bulle par la claufe *Nos enim &c.* Immediatement apres les deffenfe & permiffion dont il s'agit, reuoque les difpenfes *Super efu carnium* que quelques Abbez & Religieux de l'Ordre difoient auoir eu du Sainct Siege, *cum tales licentiæ redundent in fcandalum aliorum*, laquelle reuocation ne peut auoir relation aux malades, pour lefquels il ny auoit point eu de difpenfes, ny befoin d'en auoir, puifqu'ils eftoient difpenfez par la Regle.

VI. La Bulle continuë par l'establissement de peines canonicques, (mesmes de la qualité de celles qui donnent atteinte à l'honneur entre Reguliers) contre les transgresseurs, ce qui ne peut estre appliqué aux malades, pour lesquels la Regle cap. 36, a dit, *infirmorum cura ante omnia & super omnia adhibenda est.*

VII. Apres la declaration des peines contre les sains contreuenants à la defense, il y a dans la Bulle cette clause sans peine touchant les malades, *Inhibemus quoque quod nullus Monachus vel Conuersus dicti Ordinis, cuiuscumque conditionis existat, etiam si officium habeat, nisi ægritudine graui vel debilitate detentus fuerit, carnes de cætero in cameris infirmitorij comedere præsumat.* Enquoy les malades sont conseruez au droict qu'ils auoient par la Regle, d'vser de chair és chambres de l'infirmerie, sans estre obligez d'aller pour cét effect au Refectoir commun d'icelle, & sans que d'autres qui estoient en santé peussent aller auec les malades ou autrement manger de la Chair és chambres de l'Infirmerie, & en suite la Bulle dit, *Sed omnes comedant in refectorio communi infirmitorio deputato,* Ce mot *Sed omnes,* sans auoir specifié les malades, est tres-general, & est pour les sains, pour les distinguer des malades en l'assignat du lieu affecté pour les sains à l'vsage de chair qui estoit le Refectoir de l'infirmerie, la liberté demeurant aux malades d'en vser és chambres de la mesme infirmerie.

VIII. Cette verité est éuidente par ce qui suit du texte de la Bulle, en laquelle apres auoir esté ordonné que les chairs ne seroient cuittes qu'en la cuisine de l'Infirmerie, si ce n'estoit que l'Abbé ou son Vicaire commendast de les cuire alheurs, il est dit, *rubicumque autem carnes pro alijs quam pro infirmis vel debilibus paratæ fuerint, per Infirmarium inter comedentes in Infirmitorio diuidantur,* en quoy la Bulle n'a entendu parler que de Religieux, n'estant que pour les personnes *dicti Ordinis.*

D'ou s'ensuit que par la Bulle il y a eu dispense expresse d'vser de chair és Infirmeries des Monasteres, & defense pour tous autres lieux, tant pour les sains ausquels le droict en a esté donné par la Bulle, s'entend auec la permission de l'Abbé, que pour les malades ausquels le droict en estoit acquis par la Regle.

Le second chef de dispense de l'Abstinence par cette Bulle, est en ce que dans la continuation du mesme Article XXII. elle porte, *Abbatibus vero bene meritis qui cesserint vel cedent in posterum spontanea voluntate, locus & esus carnium per Abbatem proprium secundum suæ discretionis arbitrium concedantur,* Cette dispense est formelle pour les Abbez recommendables qui se retirent de la

II. Chef de dispense en la Bulle du P. Benoist XII.

VIII.

Dignité pour ſe remettre en l'eſtat de Religieux particuliers, *Les Abſtinents* pretendent que c'eſt pour les Abbes infirmes , la Bulle n'en dit rien, elle dit *benè meritis*, ſi la pretenſion *des Abſtinents* auoit lieu, la diſpenſe n'auroit pas eſté pour les Abbes qui n'auroient pas eu de merite & auroient eſté infirmes en ſe retirant, les vns & les autres eſtants diſpenſez par la Regle, & le Pape ayant voulu par la Bulle faire nouuelle exception à la Regle en conſideration du merite, il a donné la diſpenſe *pro benè meritis* qui ſe retireroient en ſanté.

Le troiſieſme chef de diſpenſe par la Bulle eſt en ce qu'elle porte par la clauſe ſuiuante , *& quilibet Abbas dicti Ordinis ex indulgentia poſſit interdùm aliquos fratrum, nunc hos & nunc illos prout neceſſitas poſtulauerit, aduocare , ipſoſque ſecum in camera ſuâ meliùs & pleniùs exhibere* , laquelle clauſe eſt entenduë de l'vſage de chair, eſtant precedée & ſuiuie d'autres qui concernent la defenſe ou diſpenſe de cét vſage , & elle eſt conforme à ce qui eſt du droict commun, au Chapitre *Cum ad monaſterium de ſtatu monachorum*, ou la gloſe ſur le mot *Indulgentia* explique que c'eſt diſpenſe *pro eſu carnium* , & ce Chapitre eſt du Pape Innocent III. duquel la promotion ayant eſté de l'an 1198. il a precedé le Pape Benoiſt XII. éleu en 1334. de laquelle premiere année de ſon Pontificat eſt la Benedictine dont les clauſes ſont rapportées cy-deſſus.

Le quatrieſme chef de diſpenſe par cette Bulle, eſt en la clauſe laquelle ſuit apres le mot ſuſdit *exhibere. Abbates autem & aliæ notabiles perſonæ ipſius Ordinis, ad Monaſteria declinantes , de Abbatis, vel eo abſente, de præſidentis regimini eiuſdem Monaſterij licentia, in camera ipſius Abbatis vel in communi infirmitorio carnibus vti poſſint* , c'eſt vne diſpenſe tres poſitiue *pro eſu carnium*, pour les perſonnes ſaines, cette clauſe ne parlant point des malades , & n'ayant pas eſté neceſſaire pour eux parce qu'ils auoient la diſpenſe de la regle , mais cette clauſe a eſté pour les ſains, à cauſe que par autre Bulle cy-deſſus mentionnée du Pape Clement IV. du 9. Iuin 1265. il y auoit defenſe de ſeruir de la chair aux Viſiteurs ou autres Religieux ſuruenants, *niſi forſan in caſu ſecundum regulam conceſſo* , qui eſt à dire ſi ce n'eſtoit qu'ils fuſſent malades , ce qui a eſté changé en faueur des ſains par la preſente clauſe de diſpenſe par la Bulle du Pape Benoiſt XII. du 13. Iuillet 1334. & puiſque par cette clauſe on donne aux Abbez & autres notables Religieux ſuruenants és Monaſteres, en ſanté , d'vſer de chair. ou en la Chambre de l'Abbé, ou au

Refectoir

Refectoir de l'Infirmerie, c'eſt encores vne marque de ce que ce Refectoir eſtoit vn lieu pour l'vſage de chair en ſanté.

Cette clauſe & la precedente monſtrent que dans le premier des ſuſdits quatre Chefs de Diſpenſe, celle qui eſt octroyée aux Religieux eſt pour en vſer ſous la direction & permiſſion de l'Abbé, & le lieu de celle qui eſt pour les Abbez eſt par prerogatiue en leur Chambre Abbatialle, outre ce qui leur eſtoit commun auec les Religieux *in infirmitorio communi*.

La propoſition cy-deſſus induite des clauſes de cette Bulle, qu'il y a par icelle diuerſes diſpenſes generales de l'Abſtinence pour tout l'Ordre de Ciſteaux, eſt confirmée par la concluſion du ſuſdit Article XXII. de la Bulle, laquelle abroge en cét endroict des couſtumes & ſtatuts de quelques Monaſteres & Colleges de l'Ordre, qui pretendoient eſtre en droict d'vſer de chair en certains iours de la ſepmaine, & fait defenſes d'en vſer ſous tels pretextes, *præterquam in alijs caſibus licitis & permiſſis*, ce qui eſt relatif aux cas exprimez auparauant en la Bulle, & fait voir qu'il y a d'autres cas que celuy de maladie porté par la Regle, eſquels la Benedictine à diſpenſé de l'Abſtinence.

Partant vne telle diſpenſe n'empeſche pas que cét Ordre ne ſoit en l'eſtat auquel il doit eſtre, & l'Abſtinence n'eſt point de l'eſſence de la Regle, puiſque la premiere conceſſion de cette diſpenſe a eſté par vne Bulle de Reformation, prouenuë d'vn Pape duquel la memoire eſt en veneration dans l'Egliſe, lequel ayant eſté Religieux de l'Ordre, ſçauoit par experience les neceſſitez d'iceluy, & ce qui a eſté par luy decerné en cette Bulle n'a point eſté prouoqué par aucune requiſition qui luy aye eſté faite.

Auparauant cette Bulle il n'y a aucun veſtige dans l'Ordre, qu'il y aye eu autre diſpenſe de l'Abſtinence de chair obtenuë du Sainct Siege.

Apres cette Bulle il a tellement eſté certain qu'il y auoit diſpenſe dans l'Ordre, qu'en vertu d'icelle les Abbez pouuants permettre à ceux de leurs Religieux, auſquels ils aduiſoient de l'accorder, l'vſage de chair moyennant que ce fuſt *in infirmitorio communi*, le Chapitre General de 1437. à laiſſé la faculté aux Abbez & Abbeſſes de donner cette permiſſion au tiers du Conuent pour certains iours de la ſepmaine.

Et dautant que cette diſpenſe eſtoit en vſage dans tout l'Ordre, les Abbez & Religieux de la Congregarion de Caſtille en Eſpagne voulants non ſeulement viure plus auſterement que les

La preuue en eſt cy apres.

autres, mais auſſi que cela fuſt notoire dans l'Ordre, firent vne renonciation ſolemnelle & publique à la diſpenſe de l'Abſtinen-ce.

Les Abbé & Religieux de l'Abbaye de Signy en France en auoient autant fait, ainſi qu'il paroiſt par le Chapitre General de 1507.

Comme les neceſſitez arriuées en l'Ordre depuis ſon Inſtitution, leſquelles eſtoient notoires au Pape Benoiſt XII. ont eſté les motifs des diſpenſes de l'Abſtinence, octroyées de luy meſme par ſa Bulle du 13. Iuillet 1334. la calamité remarquée cy-apres en ſon lieu, du temps qui a ſuiuy durant plus de cent cinquante années, ayant augmenté les neceſſitez de l'Ordre, le Pape Sixte IV. qui auoit eſté Religieux de l'Ordre de Sainct François, & auoit la ſcience & l'experience de la police & diſcipline reguliere, à octroyé à l'Ordre de Ciſteaux vne augmentation de diſpenſe par Bulle du 13. Decembre 1475. ſur ce qui luy a eſté repreſenté par Hymbert Abbé de Ciſteaux en perſonne à Rome, ou il eſtoit allé pour ſe plaindre de l'abus des Commendes, & lequel ainſi qu'il appert par la Bulle en cette clauſe *pro parte dicti Hymberti Abbatis &c.* à ſimplement demandé au Pape Sixte IV. la confirmation de la Bulle du Pape Benoiſt XII. *Aliaſque in præmiſſis ac ſtatui Abbatum Monachorum Monalium & aliarum perſonarum prædictarum opportunè prouidere de benignitate apoſtolica dignaretur*, en quoy il n'a point eſté ſupplié pour nouuelle ou plus grande diſpenſe.

13. Decembre 1475.
B. De la produ-ction deſd. VVyart & Tedenat.
Leurs Contredits depuis le feüillet 74. iuſques au 80,

Par cette Bulle apres auoir reſumé l'article entier de celle du Pape Benoiſt XII. contenant les Inionctions de l'Abſtinence, hors les cas & les lieux pour leſquels il en a diſpenſé, le Pape Sixte IV. qui ſçauoit en ce qui eſt du droict, le plus ou le moins de conſideration qu'on doit faire de l'abſtinence de chair en vn Ordre de reguliers, à declaré par *Deciſion Apoſtolique* pour l'Ordre de Ciſteaux, *Quod eſus vel non eſus carnium de ſubſtantialibus regulæ eiuſdem Ordinis alias non eſt.*

Apres il a confirmé les diſpoſitions de la Bulle du Pape Benoiſt XII. concernantes l'Abſtinence & les diſpenſes d'icelle en cét Ordre, *ac inde ſequuta quæcumque*, ce qui eſt vne approbation de l'vſage qu'il y auoit eu dans l'Ordre, des diſpenſes accordées par cette Bulle, afin qu'il y euſt moins de difficultez à le continuer.

Enfin le Pape Sixte IV. voyant que l'Abbé de Ciſteaux ne luy auoit fait aucune requiſition preciſe pour les neceſſitez de ſon Ordre, ne pouuant pas eſtre inſtruit & aſſeuré d'icelles

par foy-mefme ; comme auoit efté le Pape Benoiſt XII. pour
accorder auec circonſtances fpecifiques vn accroiſſement de
diſpenſe, lequel il iugeoit eftre iufte, il a donné au Chapitre
General, *& eo ceſſante* à l'Abbé de Ciſteaux, le pouuoir plain &
entier de diſpenſer de l'Abſtinence toutes les perſonnes de l'Ordre preſentes & à venir, *Secundum diſcretionis eorum arbitrium,
& conſcientiæ iudicium, ſuper quo eorum conſcientias oneramus, quan-
documque & quotieſcumque neceſſe eis ſeu alteri ipſorum vide-
bitur, per ſe vel alium ſeu alios diſpenſandi, ac eis licentiam con-
cedendi, quod carnibus & pulmentis huiuſmodi, etiam extra dicto-
rum Monaſteriorum ſepta; in prædictis & quibuſuis alijs locis, abſque alicuius pænæ incurſu, aut conſcientiæ ſcrupulo, veſci & vti poſſint.*

Il ne peut pas y auoir vn plus expres & plus ample pouuoir
de diſpenſer, qui eſt en effet vne diſpenſe, le Sainct Siege faiſant
de ſon authorité, ce qu'il mande ou commet à d'autres de faire,
dans les occurrences eſquelles la cognoiſſance de cauſe eſt neceſſaire.

Neantmoins *Les Abſtinents* qui ont oſé dénier qu'en la Bulle
du Pape Benoiſt XII. il y euſt des diſpenſes, entreprennent encores la meſme denegation contre la Bulle du Pape Sixte IV.
pretendants qu'en la premiere partie du diſpoſitif d'icelle y ayant
confirmation de la Bulle du Pape Benoiſt XII. laquelle enioint
l'obſeruance de l'abſtinence, il ne puiſſe y en auoir diſpenſe en la
ſeconde partie de cette Bulle du Pape Sixte IV.

Le Texte d'icelle fait voir la mauuaiſe foy de cette pretenſion,
par la premiere Bulle il y a Inionction de l'Abſtinence, mais auec
des modifications & diſpenſes, par la ſeconde Bulle tout eſt confirmé, mais il eſt donné pouuoir au Chapitre General *& eo ceſſante* à l'Abbé de Ciſteaux, de diſpenſer de l'abſtinence autant
qu'ils iugeroient neceſſaire, s'ils n'auoient point vſé de cette faculté, on ſeroit demeuré aux termes de la premiere Bulle, & de
la premiere partie de la ſeconde Bulle, mais ayants diſpenſé ſelon qu'il eſt dit cy apres, en vertu de la ſeconde partie de la ſeconde Bulle, la premiere a ceſſé, ſelon l'intention du Pape Sixte IV. laquelle paroiſt aſſez auoir eſté telle par les termes de ſa
Bulle.

En ce que d'vne part la tranſition de la premiere partie d'icelle
à la ſeconde eſt par ce mot *& inſuper*, qui deſigne addition &
augmentation à la premiere partie.

Et d'autre part la Bulle finit par les clauſes derogatoires, *non* obſtantibus *&c.* & la derniere derogation eſt, *necnon præmiſſis, ac omnibus alijs quæ dictus Benedictus prædeceſſor in eiſdem ſuis litteris voluit nonobſtare, cæteriſque contrarijs quibuſcumque,* tellement qu'il ne reſte rien de ces deux Bulles, qui puiſſe faire obſtacle à la diſpenſe generale que le Sainct Siege a donné à l'Ordre par la ſeconde d'icelles.

Trois mois apres la Bulle le decés eſtant arriué à Rome de Hymbert Abbé de Ciſteaux, eſpuiſé par ſa vieilleſſe & ſes trauaux pour ſon Ordre, dont il eſt loüé par les Hiſtoriens, ſans que iamais on aye dit ny eſcrit, ce que l'eſcriuain des *Abſtinents* à calumnieuſement auancé, que ſa mort à Rome eſtoit vne punition diuine pour auoir demandé la diſpenſe de l'Abſtinence.

Le Chapitre General de l'Ordre, qui eſtoit alors comme dans les temps precedents tenu par chacun an, & dans les interuálles d'iceluy Iehan de Cyray Succeſſeur Immediat en l'Abbaye de Ciſteaux (duquel les actions ſont en eſtime dans les monuments de l'Ordre, nonobſtant les meſpris iniurieux par leſquels l'eſcriuain des *Abſtinents* a affecté de traduire ſa memoire) ont differé durant plus de cinq ans l'execution de cette Bulle, iuſques en 1481.

1481.

B. de la production deſd. VVyart & Tedenat.
Leurs contredits depuis le fœillet 80. iuſques an 82.

Que par vn Decret ſolemnel, duquel la pieté charité & circonſpection paroiſſent par la preface de l'acte, laquelle en explique la conduite & les motifs, le Chapitre General aſſemblé à Ciſteaux, acceptant la Bulle du Pape Sixte IV. & imitant ce qui auoit eſté fait par icelle, comme le Sainct Siege auoit confié au Chapitre General, *& eo ceſſante* à l'Abbé de Ciſteaux, le pouuoir de diſpenſer de l'Abſtinence, le Chapitre General à remis ce pouuoir aux Abbés pour eux & leurs Religieux, & aux Peres Abbez ou aux Viſiteurs pour les Religieuſes, en ces termes. *Conformiter ad gratiam Domini Sixti Papæ quarti, Diſpoſitionem ſeu permiſſionem eſus carnium, prudentiæ ſeu Diſcretioni & conſcientiæ Abbatum pro ſe & eorum ſubditis, nec non Patrum Abbatum ſeu Viſitatorum & reformatorum Ordinis, quoad Sanctimoniales & Conuerſas, pro diebus ab Eccltſia & ab Ordine non prohibitis, remittit, ita vt abſque conſcientiarum quocumque periculo læſura ſeu ſcrupulo, pro terrarum locorum perſonarum ſocietatum negotiorumue & temporum conditionibus & neceſſitatibus vt dictum eſt, carnibus vti, & cum prædictis ſubditis ſuis & ſibi commiſſis diſponere ſeu diſpenſare poſſint & valeant.*

Et comme le Chapitre General, c'eſt à dire l'Ordre en corps, euſt ſouhaité que les remonſtrances & inquietudes des particuliers

liers d'iceluy, & les necessitez qui en estoient causes, eussent cessé, & que tous se fussent soubmis à l'Abstinence, ainsi qu'il est declaré par cette clause du Decret, immediatement precedente celle cy-dessus, *Etsi integro animo cupiat omnes Ordinis filios & filias posse & velle à carnibus abstinere, crebris nihilominus & assiduis multorum querulosis precibus pulsatum, præmissarumque & aliarum rationum consideratione inclinatum, pro animarum & conscientiarum quietudine,* apres suit la clause *Conformiter &c.* qui est cy-dessus.

Aussi par la conclusion de ce Decret, le Chapitre General pour conseruer quelque espérance de retour, a dit *Donec & quousque per dictum Generale Capitulum aliter fuerit dispositum & ordinatum.*

L'effet de ce desir ou de cette attente estoit contre toute vray-semblance, il y auoit alors plus de sept vingt ans depuis la Bulle du Pape Benoist XII. qu'il y auoit en l'Ordre de Cisteaux des dispenses d'Abstinence, tellement establies que certains iours estoient libres pour en vser, ainsi qu'il resulte de ces mots, *pro diebus ab Ecclesia & ab Ordine non prohibitis,* en la clause cy-dessus rapportée du Chapitre General de 1481.

Depuis lequel la dispense de l'Abstinence a esté si certaine & generale dans l'Ordre, qu'en l'an 1493. le susdit Iehan de Cyré Abbé de Cisteaux ayant conuoqué en cette Ville de Paris vne assemblée de plusieurs Abbez de l'Ordre, en laquelle *Les Absti-nents* disent qu'on a fait paroistre tout ce qu'il pouuoit y auoir de zele pour la reformation, il y a eu des Resultats de cette assem-blée, qu'on appelle communement en l'Ordre *Les Articles de Pa-ris,* & que *Les Abstinents* appellent Articles de Reformation, des-quels le dernier fait voir la qualité par ces mots, *hæc omnia profecto sunt potius quædam breuis Statutorum Ordinis recapitulatio, quam noua ordinatio,* c'est en quoy consiste la reformation canonique, esquels articles par deux clauses d'iceux la certitude est tres-eui-dente de l'vsage public & vniuersel de la dispense de l'Absti-nence dans l'Ordre, & que les iours d'Abstinence estoient mar-quez, & distinguez de ceux de la dispense.

Par l'vne de ces deux clauses il est dit, *Item quando Conuentus, diebus per Ordinem assignatis quibus non vtimur carnibus, videlicet ferijs secundis quartis sextis sabbatho* (qui sont les iours de Lundy Mercredy Vendredy & Samedy) *diebus sermonum,* (qui sont les festes solemnelles tant de l'Eglise que de l'Ordre) *in aduentu, in Septuagesima, Sexagesima, in Rogationibus, Diebus ieiuniorum Ec-clesiæ &c.* en toutes lesquels iours par les susdits articles y ayant Abstinence, c'est vne demonstration éuidente qu'il y en auoit

D

1493.
Assemblée de Pa-ris.|
B. de la production desd. Vuyart & Tedenat.
Leurs contredits fol. 85.

dispense dans les autres iours selon les mesmes Articles.

L'autre clause porte, *Quod autem ad esum carnium, &c. Ab eis abstineatur diebus prædictis*, ce qui est vne preuue que pour les autres iours il y auoit dispense.

De laquelle l'vsage a tellement esté general en l'Ordre de Cisteaux, depuis quelle y a esté receuë l'an 1481. que par vne Bulle du Pape Alexandre VI. du 6. Nouembre 1498. il appert, que les Abbez & Religieux de la Congregation reformée de Castille du mesme Ordre, ayants renoncé a toutes dispenses de l'Abstinence, *renunciarunt cuicumque gratiæ & dispensationi contra hoc per Sedem Apostolicam &c.* ce qui à sa relation à la Bulle du Pape Benoist XII. à laquelle cette Congregation, qui n'a commencé qu'en 1426, estoit posterieure d'enuiron cent ans, depuis y ayant eu concession du Sainct Siege au Chapitre General & à l'Abbé de Cisteaux, du pouuoir de dispenser, *& deinde cum post aliquos annos Abbas & Capitulum Generale Cistercij obtinuissent à Sede prædicta sibi committi seu concedi, vt super esu carnium per Monachos & Religiosos dicti Cisterciensis Ordinis ordinarent prout eis & Ordini prædicto expedire videretur*, ce qui à rapport à la Bulle du Pape Sixte IV. & en vertu de cette concession le Chapitre General ayant ordonné, *quod ter in Septimana, etiam in singulis Monasterijs dicti Cisterciensis Ordinis, carnes per Abbates Monachos & Religiosos dicti Cisterciensis Ordinis comedi possent*, ce qui se rapporte au Decret du Chapitre General de 1481. dans lequel ce qui est dit *Diebus ab Ordine non prohibitis*, est ce que cy-dessus *Ter in Septimana*, les susdits Abbez & Religieux de Castille auoient accepté cette dispense, vsé d'icelle & en vsoient actuellement, *Ordinationem prædictam per eosdem Abbatem & Capitulum Generale Cistercij de esu carnium huiusmodi factam & institutam vt præfertur acceptarunt, & carnes iuxta ordinationem eamdem comederunt prout comedunt*, surquoy par occasion de ce qu'ils demandoient des Priuileges au Pape Alexandre VI. qu'il leur a octroyé par la susdite Bulle du 6. Nouembre 1498. pour maintenir leur reformation, ils ont eu de luy son approbation de ce qu'ils vsoient de la dispense commune de l'Ordre touchant l'Abstinence, *quod carnibus huiusmodi, iuxta ordinationem per Abbatem Cistercij & Capitulum Generale Cisterciensis Ordinis huiusmodi vt præfertur factam, liberè & licitè & absque alicuius conscientiæ scrupulo vesci valeant.*

C'eſt vne authentique confirmation par le Sainct Siege, ob-tenuë par des Religieux qui eſtoient tout autrement Reformez que *les Abſtinents*, de la Bulle du Pape Sixte IV, du Decret du Chapitre General de 1481. & de l'vſage qui s'en eſtoit enſuiuy de la diſpenſe de l'Abſtinence en tout l'Ordre.

Dans lequel depuis 1498. il ne ſe trouue aucun veſtige d'Ab-ſtinence par les Tiltres ny par l'hiſtoire, que le Chapitre Gene-ral de 1507. auquel l'Abbé de Signy s'eſtant plaint de ce qu'au préjudice du pouuoir de diſpenſer donné à chacun Abbé dans ſon Abbaye par le Chapitre General de 1481. l'Abbé d'Igny Pere & Superieur Immediat de Signy, ou on auoit touſiours obſerué l'Abſtinence, y faiſant ſa viſite, y auoit eſtably l'vſage de la Diſpenſe *More aliorum circumuicinorum Monaſteriorum,* afin que par les Deleguez du Legat qui deuoient paſſer à Signy il ny eut rien à redire *pro diuerſitate obſeruationis*, dont les Reli-gieux ne ſe plaignoient point, il ny auoit que l'Abbé qui s'en formaliſoit par émulation de Iuriſdiction, ſur ce le Chapitre General à député l'Abbé d'Elan, pour entendre les Religieux, *& More aliorum Ordinis Monaſteriorum Benedictinam & alia Ordinis priuilegia & indulta inſequentium, vt carnibus veſci poſſint in poſterum permittat, nullum vero cogat.*

Dont la ſuite a eſté, que dans cette Abbaye de Signy, com-me generalement en toutes les autres de l'Ordre, tant en Fran-ce que hors le Royaume, la Diſpenſe a eu lieu par vniformité d'Obſeruance, depuis l'an 1507. iuſques en 1618.

Ce qui eſt vne poſſeſſion publique & paiſible de plus de cent ans continuels, par laquelle les ſuſdites Bulles deſquelles elle eſt dériuée ont eſté expliquées & executées, en telle ſorte que dans les Abbayes il y a Refectoirs diſtincts & ſeparez, l'vn pour les iours d'abſtinence, & l'autre pour ceux de Diſpenſe.

Auant que venir à l'année 1618. & autres ſuiuantes, c'eſt à dire au ſiecle preſent, qui eſt le ſixieſme de l'Ordre de Ciſteaux, dans le cours duquel ſont ſuruenus les troubles excitez en cét Ordre par *Les Abſtinents*, leſquels il eſt beſoin de terminer, afin de faire ſubſiſter l'Ordre dans l'eſtat auquel il doit eſtre.

Il eſt prealable de retourner aux ſiecles precedents depuis l'an 1334. pour y eſtablir ſur deux points de fait ce qui eſt de la Verité, contre les Impoſtures affectées & les calumnies atroces que *les Abſtinents* ont auancé, pour ſurprendre par ce mauuais artifice, preſumants qu'on croye tout ce qu'ils diſent, parce qu'ils ſe di-ſent *Reformez.*

1507.
Chapitre General,
H. de la production
des Abſtinents.
Contredits deſd.
VVyart & Tedenat
fol. 82.

Reſponſes à ce que
les Abſtinents ont
ſuppoſe que l'Ordre
aye eſté corrompu
entre 1334. & l'an
1444. & entre l'an
1444. & l'An
1507.

Le premier poinct de fait est en ce que, d'vne part *Les Absti-*
nents ont pretendu par la cotte G. de l'Inuentaire de leur production en l'Instance principale, qu'entre les années 1334. &
1444. l'Ordre de Cisteaux aye esté depraué, par corruption de
tout le corps de l'Ordre, tant és personnes des Abbez de Cisteaux
& autres qu'és Chapitres Generaux, & que cette décheance seroit prouenuë de la *dispense de l'Abstinence.*

Et d'autre part en la cotte H. que cette desolation auroit continué dans l'Ordre depuis 1444. iusques en 1597.

Par les contredits desd. Wyart & Tedenat *Le Chapitre Ge-*
neral a conuaincu *Les Abstinents* de supposition, ayant par les
pieces mesmes dont ils se seruent, iustifié.

D'vne part fol. 35. & suiuants desd. contredits, qui sont contre la cotte G. Qu'encores qu'entre 1334. & 1444. il y aye eu
relasche d'obseruance par plusieurs personnes & en plusieurs Mo-
Vray estat de l'Or- nasteres de l'Ordre de Cisteaux, il n'a pas laissé d'y auoir en cét
dre entre 1334. & interualle des Abbez & Religieux Illustres en Saincteté Doctrine
1444. & Employ, & mesmes des Martyrs. *Que* les Chapitres Generaux & les principaux Prelats de l'Ordre l'ont gouuerné & sou-
stenu selon les reglements d'iceluy durant cette agitation, *Que*
tant s'en faut que le *Sainct Siege* leur aye rien imputé des desordres qu'il y auoit, qu'il leur a promis sa protection pour faire obeïr
les particuliers qui s'estoient déreglez, *Que* la dispense generale
de l'Abstinence, laquelle n'est que de 1475. & 81. n'a peu estre
& n'a point esté en effet l'origine de ce mal-heur, lequel est pro-
Quatre causes de uenu de quatre autres causes.
la relasche qu'il y a
eu de quelques per- I. Vne peste vehemente, qui commença l'an 1348. & le rauage
sonnes & Monaste- en fut si grand que les Monasteres de l'Ordre en France estants de-
res de l'Ordre, en- sertez, il y eut à l'instance du Roy Iehan, par Bulle du Pape Cle-
tre 1334. & 1444. ment VI. l'an 1351. des Conseruateurs establis, qui furent si onereux à l'Ordre, que sans le secours des Abbayes de Cisteaux la
Ferté & Clairuaux, les autres s'en alloient en destruction.

II. Les guerres des Anglois & autres troubles qu'il y a eu durant les Regnes du Roy Philippes de Valois, du Roy Iehan, &
des Roys Charles V. VI. & VII. qui ont esté dans le temps de
1334. à 1444. en telle sorte qu'il y a eu l'an 1363. Bulle du Pape
Vrbain V. *pro erigendis altaribus in arcibus aut castris ad quæ mona-*
chi fugerent.

III. En cét espace de temps ont esté les vingt-neufiesme &
trentiesme Schismes en l'Eglise, pendant lesquels les Papes &
Anti-Papes pour fortifier leurs partys en se faisant des creatures,
donnoient

donnoient profusement des pensions sur les Abbayes de l'Ordre, ou les Abbayes en Commende, lesquelles par cét abus au temps susdit, *in beneficia simplicia transierunt* (dit l'historien) *licet cum onere alendorum fratrum, quos quanto quis aut numero pauciores aut solitiores manibus habebat, tanto minori impendio sustentabat.*

IV. Les Schismes en l'Eglise, les Guerres en l'Estat, les Commendes & les pensions en l'Ordre, ont interrompu le cours des visites (lesquelles en tous Ordres reguliers sont *Neruus Disciplinæ*) auquel les trois causes susdites auoient produit trois empeschemants, ayants fait cesser la seureté des voyages, le respect & l'obeïssance des Inferieurs aux Superieurs, & les moyens necessaires pour les despenses inéuitables des visites.

D'autre part en ce premier fait *les Abstinents* ayants iniurieusement supposé par la cotte H. de leur susdite production, que le temps de 1444. à 1507. pour la mesme cause de la Dispense a esté dans l'Ordre *Vn siecle dépraué*, l'Abbé *Hymbert* oublieur de l'esprit *des Saincts Instituteurs de son Ordre*, mort en son voyage de Rome peut estre par punition, Son Successeur vn *Iehan de Cirey*, la pluspart des Religieux perdirent en mesme temps toute crainte de Dieu, lascherent la bride à la concupiscence, & tomberent en toute sorte de vices, *Les Chapitres Generaux composez de personnes corrompuës*, c'est le style des *Abstinents*, c'est leur charité & modestie, dont il y a dans leurs escrits & leurs Imprimez des periodes frequentes de semblable & encores plus fort excez.

Le Chapitre General par les susdits contredits fol. 59. & suiuants, qui sont contre cette cotte H. des *Abstinents*, à fait voir la temerité grossiere de leurs calumnies par leurs propres pieces, notamment par Bulles des Papes, & par autres preuues authentiques, & iustifié les eloges des deux successiuement Abbez de Cisteaux, *Hymbert*, & *Iehan de Cirey*, desquels la memoire a tousiours esté venerable, iusques à ce que le malin esprit *des Abstinents* a esté si audacieux que de la vouloir déprimer, *Que* dans cét espace de temps de 1444. à 1507. le Sainct Siege a esté tellement satisfait du Chapitre General & de tout l'Ordre en corps, nonobstant les manquements qu'il y auoit de quelques particuliers, qu'il se trouue de ce mesme temps dans le Bullaire de l'Ordre, qui est produit par *les Abstinents*, Cinquante Bulles de six diuers Papes, de concession de Priuileges à l'Ordre de Cisteaux, par lesquelles, & notamment par deux du Pape Innocent VIII. lesquelles sont d'vn mesme iour 29. Auril 1489. par preuention *Les Abstinents* ont esté arguez de supposition, en ce qu'ils ont

C'est Manrique Religieux de l'Ordre en la Congregation de Castille, approué pour vray historien de l'Ordre par les Abstinents, comme par tout l'Ordre.

Inuentaire de la productions principale des Abstinents. fol. 16. 17. 18. 19. 20.

Contredicts desd. VVyart & Tedenat fol. 59. & suyuants.

Contredicts fol. 68.

Voyez le Bullaire depuis la page 121. Iusques à la page 204. ou sont les Bulles des Papes Eugene IV. Nicolas V. Calixte III. Pie II. Sixte IV. Innocent VIII.

attribué à la dispense de l'Abstinence les relasches qu'il y auoit en
l'Ordre, le Pape au contraire *motu proprio & ad nullius instantiam,*
a declaré qu'elles prouenoient des Commendes & des appellations
qui empeschoient ou retardoient l'effet des visites.

Bullaire pag. 193.

En la premiere de ces deux Bulles, laquelle porte reuocation
& extinction des Commendes en l'Ordre de Cisteaux, dans la
preface apres que le Pape a dit, qu'encores que par ancien establissement pour maintenir cét Ordre il eut esté arresté qu'il ny auroit point de Commendes; neantmoins plusieurs Monasteres de
l'Ordre auoient esté par le passé & estoient alors tenus en Commende, il continuë en ces termes, *Ex quo in dictis Monasterijs
Prioratibus & locis sic commendatis diuinus cultus plurimum dimi-
nuitur, & in pluribus locis totaliter extinguitur & cessat, pia funda-
torum intentiones defraudantur, Monasteria ipsa, in quibus seruorum
Dei numerus iuxta eorumdem Monasteriorum & locorum facultates
augeri solebat, debito Monachorum numero destituta & priuata, aut
ex omni parte ad ruinam redacta sunt,* & apres vne suite de cette
description des desordres arriuez des Commendes, il la finit par
ces mots, *Regularis obseruantia, quæ in illis antea summa puritate vi-
gebat, omnino deficit, & pristina viuendi norma relicta est.*

Bullaire pag. 197.

Par la seconde Bulle, dans la preface le Pape ayant loüé la police de l'Ordre de Cisteaux, & les assemblées du Chapitre General
*singulis annis in Monasterio Cisterciensi Cabilonensis Diœcesis, quod
dicti Ordinis Cisterciensis caput origo & fundamentum existit,* auquel Chapitre General *Abbas dicti Monasterij Cistercij pro tempore
existens vt Caput, & alij ipsius Cisterciensis Ordinis Abbates, de
omnibus ferè mundi partibus, vt Membra conueniunt, &c.* Il propose deux causes des déreglements arriuez en cét Ordre, les Commendes & les frequentes appellations qui s'estoient introduites en
l'Ordre depuis les Commendes, desquelles ayant parlé, apres ces
mots *Commendata fuerunt,* il continuë *& propterea in ipsis Monasterijs atque locis pro maiori parte regularis obseruantiâ & pristina
viuendi norma defecerunt, ac in Monasterijs atque locis prædictis
Religiosi secundum ipsius Ordinis Cisterciensis obseruantiam viuentes
non habentur,* & apres il vient aux appellations, & par le dispositif
de la Bulle il les defend en ces termes, *Nullatenus extra dictum Cisterciensem Ordinem, etiam ad Sedem prædictam, nisi à dicto Capitulo Generali, ac pro notoria & manifesta iniuria, & in euentu de-
negatæ iustitiæ, secundum formam & tenorem priuilegiorum & statutorum ipsius Cisterciensis Ordinis, liceat Abbatibus, Abbatissis,
Prioribus, Priorissis, Monachis & alijs personis dicti Cisterciensis*

Ordinis, ac Commendatarijs quibufcumque Monafteriorum & loco-
rum Ciftercienfis Ordinis eiufdem, quouis modo appellare.

Auffi eft-il conftant, qu'il n'y a iamais eu de Bulle de Pape ny
autre tiltre de l'Ordre, ny aucun hiftorien foit de l'Ordre ou autre, qui aye dit auparauant l'efcriuain *des Abftinents.* que les relaf-
ches qu'il y a eu dans l'Ordre foient prouenuës de la difpenfe de
l'Abftinence.

En rapportant des Bulles du Pape Innocent VIII. pour l'Ordre de Cifteaux, il y a occafion de remarquer *que les Abftinents*
en la fufd. cotte H. de leur inuentaire de production ont pretendu que le mefme Pape Innocent VIII. a fait faire l'affemblée de
Paris cy-deffus mentionnée de l'an 1493. il n'y en a pas vn feul mot
és articles de cette affemblée, il n'en eft rien dit en aucun tiltre ny
en aucun hiftorien, ny que le Sainct Siege aye efté en aucune maniere autheur de l'affemblée.

Le Pape Innocent VIII. ne l'auroit peu eftre, fon decez du 25.
Iuillet 1491. ayant precedé de deux années, & Alexandre VI. fon
Succeffeur immediat eftoit au Sainct Siege l'an fufdit 1493.

Ce menfonge mal digeré *des Abftinents,* eft cotté pour vn exemple de plufieurs autres dont leurs efcrits & imprimez font remplys,
& defquels la difcuffion eft faite par les contredits defdits Wyart
& Tedenat, & il peut eftre vne preuue de ce qu'on dit communement *des Abftinents,* que pour reformer, c'eft à dire pour chaffer
les Abbés & Religieux de leurs maifons & s'emparer d'icelles fous
pretexte de viure plus aufterement, ce qui eft vne conduite repu-
gnante à la iuftice & à la Charité du Chriftianifme, & à l'imita-
tion en laquelle *les Abftinents* fe vantent eftre des Anciens Peres
de l'Ordre, ils fe perfuadent auoir exception du droit commun,
pour agir à leurs fins *per fas & nefas.*

Le fecond defdits deux poincts de fait, eft en ce que *les Abftinents*
par la cotte I. de leurd. inuentaire ont pretendu, que les Congregations qu'il y a de Monafteres de l'Ordre és pays eftrangers,
defquelles ils fuppofent le nombre plus grand qu'il n'eft, fe font
formées diuifées & demembrées de l'Ordre, *Ayants voulu fe fau-*
uer de ce deluge de vices qui inondoit l'Ordre, voyants que la lumiere
mefme eftoit obfcurcie, & le Soleil corrompu, & que les Chapitres
Generaux & Superieurs dudit Ordre eftoient enuelopez en ce naufrage,
c'eft le texte de l'inuentaire *des Abftinents,* en fuite ils difent y
auoir en l'Ordre des Congregations De Caftille, De Sainct Bernard en Italie, Des Feüillants en France, De Valence Arragon Nauarre & Catalogne, De la Romagne, De Calabre, De

Cét efcriuain eft
l'Abbé De Prie-
res.

Inuentaire de la
fufdite production
des Abftinents
fol, 19. & 20.

Inuentaire de la
fufdite production
des Abftinents
fol. 21.

Sicile , d'Allemagne , De Pologne , De Flandre , & d'Hibernie.

Pour monstrer sur ce point que *les Abstinents* sont grands & har-
dys imposteurs , *Le Chapitre General* par les contredits desdits
Wyart & Tedenat depuis le feüillet 52. iusques au 58, & depuis
le 95. iusques au 141. a iustifié par pieces, entre lesquelles il y en
a que *les Abstinents* ont produit, les veritez qui ensuiuent.

Qu'il n'a iamais esté dit par aucun tiltre des Congregations ny
par aucun autre de l'Ordre, ny par aucun historien d'iceluy ny
autre autheur , que la cause des Congregations aye esté la corruption de l'Ordre en France , encores moins la dispense generale
de l'Abstinence.

Que les Congregations ont esté erigées par le Sainct Siege ou
par le Chapitre General de l'Ordre , I. pour faciliter les visites
& autres actes de iurisdiction qui requierent celerité , dautant
que les Superieurs Maieurs sont en France en notable distance
des pays estrangers ou sont les Congregations, II. pour satisfaire
les Roys & autres Soüuerains qui ont desiré ce soulagement pour
leurs Sujets.

Que la dispense estant de 1475. & 81. elle est posterieure à la
Congregation de Castille, qui est de 1426. & 1432.

Qu'en cette Congregation , comme dans les autres de l'Ordre,
qui ont commencé depuis la dispense , elle a esté receuë & en-
tretenuë , & l'vsage d'icelle est encores maintenant continué, par
vniformité d'obseruance auec tous les autres Monasteres de l'Ordre hors de France , & auec la plus grande partie de ceux du
Royaume.

Contredicts desd.
VVyart & Tede-
nat. fol. 97.

Inuentaire de la-
dicte production des
Abstinents fol. 22.

Que les Feüillans sont plutost vn ordre separé qu'vne Congregation de l'Ordre de Cisteaux , & de leur Ordre il y a vn General
en France, & vn autre en Italie, s'il est vray qu'ils soient ainsi que
disent *les Abstinents, dans vne tres estroite & litterale obseruance de*
la regle de Sainct Benoist, c'est illusion de dire par *les Abstinents*
qu'ils en soient eux-mesmes, puisqu'il est constant qu'ils ne viuent pas comme les Feüillans.

Qu'en Allemagne il n'y a pas Congregation de tous les Monasteres de l'Ordre situez en ce mesme pays, mais dix-neuf seulement faisants partie de ceux de la haute Allemagne se sont agre-
gez ensemble.

Qu'en Pologne il n'y a point & n'y a iamais eu de Congregation
entre les Monasteres de l'Ordre qui sont dans le mesme Royaume.

Qu'il

Qu'il n'y en a point non plus & n'y en a iamais eu entre les Monasteres de l'Ordre situez en Flandre.

Qu'en Hibernie il y en auoit durant que les Monasteres de l'Ordre y subsistoient, auparauant que la liberté de la Religion Catholique y aye esté ostée, comme en Angleterre & en Escosse.

Que des Congregations desquelles ont parlé *les Abstinents*, celles qui sont effectiuement en l'Ordre au nombre de six, sçauoir, De Castille qui est des années susdites 1426. & 32. De sainct Bernard en Italie qui est de 1497. De Calabre & Sicile qui est de 1605. d'Arragon qui comprend Valence Nauarre & Catalogne, & est de 1613. De la Romagne qui est de 1623. De la haute Allemagne qui est aussi de 1623. & vne septiesme De Portugal qui est de 1567. ignorée par *les Abstinents*, de laquelle ils auroient deu augmenter leur nombre, plutost que de celles qu'ils ont supposé de toute l'Allemagne, Pologne & Flandre, Sont toutes en l'vnion de l'Ordre, comme membres qui composent le corps, & sont actuellement en la sousmission & obeïssance au Chapitre General à l'Abbé de Cisteaux & aux quatre premiers Peres, ainsi que sont les Abbez & Religieux de tous les autres Monasteres de l'Ordre hors de France qui ne sont point en Congregation.

Que tous sans distinction, Aggregez & non Aggregez, ont rendu des tesmoignages publics & importants de leur fidelité à l'Ordre depuis le trouble *des Abstinents*, mesmes à l'encontre d'eux, I. par leur interuention pardeuant les trois Prelats deleguez du Sainct Siege, au procez sur l'appel simple des Sentences de feu Monsieur le Cardinal de la Roche-Foucauld, II. aussi par leur interuention en l'autre procez qui a suiuy en Cour de Rome, sur l'opposition *des Abstinents* à la confirmation de l'élection faite par les Religieux de l'Abbaye de Cisteaux, de Dom Claude Vaussin pour Abbé de Cisteaux, III. par l'assistance personnelle de plusieurs Abbez estrangers au Chapitre General dernier tenu à Cisteaux l'an 1651. & par les excuses que les non comparants & ceux des Congregations y ont enuoyé, fondées sur les calamitez des Guerres, & quoy que les Castillans & Portugais ausquels l'indiction du Chapitre General auoit esté notifiée ny ayent pas enuoyé, la Guerre qui estoit alors entre les deux Couronnes, recentement finie par vne heureuse paix, en a esté l'empeschement, puisqu'il est iustifié qu'ils ont tousiours esté du corps de l'Ordre comme tous les autres estrangers.

Desquels l'vnion & sousmission à l'Ordre a encores paru nou-

F. De la produ-ctiõ principale desd. VVyart & Tedenat.
F. & G. De la production desd. VVyart & Tedenat sur les appellations des Abstinents.
S. De la mesme productiõ desd. VVyart & Tedenat.

F

S. De la mesme
production desd.
VVyart & Tede-
nat.
Il y à Instance re-
glée & instruite sur
cette interuention.

uellement en deux manieres, I. par les receptions respectueuses
des visites que led. sieur Abbé de Cisteaux a fait de plusieurs
Monasteres de l'Ordre en diuers pays estrangers, II. par la requeste que les Abbez & Religieux Estrangers ont presenté au
Parlement le 9. Feurier 1660. pour interuenir contre les Abstinents au present procez.

Apres la digression sur les deux points de fait, est à reprendre la
suite cronologique de ce discours, interrompuë cy-dessus à l'endroit ou il est remarqué que depuis l'an 1507. iusques en 1618.
il n'a plus esté mention d'Abstinence continuelle dans l'Ordre de
Cisteaux.

Durant ce cinquiesme siecle de l'Ordre, le Chapitre General,
les Peres Abbez & le Corps de l'Ordre vsants de la dispense de
l'Abstinence, sont au surplus demeurez dans les obseruances
ausquelles ils estoient obligez.

S'il y a eu, comme en tous Ordres reguliers il s'en rencontre,
des personnes ou des Monasteres qui se soient relaschez en leur
deuoir, les Guerres ciuiles & estrangeres, les troubles de la Religion pretenduë reformée, & les Commendes authorisées & mul-
tipliées apres le Concordat de l'an 1517. en ont esté les causes.

Obiection du Con-
cile de Trente par
les Abstinents.

Dans cét espace de temps se rencontre le Concile de Trente,
commencé en 1545. & finy en 1563. par lequel Concile Session
25. De Regularibus cap. 1. il est dit, *Omnes Regulares tam viri quam
Mulieres, ad Regulam quam professi sunt præscriptam, vitam insti-
tuant & componant*, ce qui ne doit pas estre entendu, comme
pretendent *les Abstinents* pour la continuelle abstinence en
l'Ordre de Cisteaux, d'obseruer la regle à la lettre & sans dif-
pense, ce qu'ils ne font pas eux-mesmes, mais seulement de ce
qui est essentiel és vœux, & de la substance de la Regle, selon
qu'il est declaré par ces deux clauses du Concile en la mesme
Constitution, I. *vt obedientiæ paupertatis & castitatis, ac si quæ
alia sunt alicuius regulæ & Ordinis peculiaria vota & præcepta, ad
eorum respectiuè essentiam, &c. II. Cum compertum sit ab eis non
posse ea quæ ad substantiam regularis vitæ pertinent relaxari*, A quoy
se rapporte cette conclusion du Chapitre 20. de la mesme Session
du Concile, *In cæteris omnibus præfatorum Ordinum priuilegia &
facultates, quæ ipsorum personas loca & iura concernunt, firma sint
& illæsa*.

Premiere respon-
se.

Seconde response.

Le Grand Canoniste *Nauarrus* la expliqué de cette sorte, *In
commentario tertio De Regularibus Numero 24. Mens Concilij non*

fuit decernere ; vt status Religionum reducantur ad primam omni-modo formam , præsertim Iure communi vel authoritate Papæ rela-xatam , vel mutatam , sed solum ad eam quæ habet vt tria substan-tialia vota seruentur ; ce qu'il establit en suite par l'authorité des Chapitres premier & second de la Session susdite du Concile de Trente.

Auquel est relatif l'Article XXX. de l'Ordonnance de Blois, & l'Article II. de l'Edict de Melun , desquels la fin a esté, de faire qu'en France où le Concile n'estoit pas receu , les regle-mens d'iceluy fussent obseruez en vertu de l'Ordonnance.

Si l'intention du Concile auoit esté , de reduire les Reguliers à reprendre l'obseruance primitiue de leurs Regles, nonobstant les dispenses du Sainct Siege suruenuës en icelles, il y auroit eu derogation aux dispenses par le Concile , lequel n'y a nullement derogé.

Troisiesme respon-se.

Pour le particulier de l'Ordre de Cisteaux , si l'esprit du Con-cile auoit esté , que l'Abstinence continuelle y fut remise & que l'vsage de la dispense y fut aboly , au deffaut de Dom Louys de Bessey Abbé de Cisteaux, decedé tost après le Concile auquel il auoit assisté. Dom Hierosme De la Southere Abbé de Clairuaux alors du Concile, auquel il estoit pareillement, qui a depuis esté Abbé de Cisteaux, & en suite Cardinal, & est mort en reputa-tion de Saincteté, ou après luy Dom Nicolas Boucherat , qui a esté Abbé de Cisteaux , vn des plus celebres, & lequel en qualité de Procureur General de l'Ordre auoit aussi esté au Concile , au-roient fait en leur Ordre l'extinction de la dispense , & le resta-blissement de l'Abstinence.

Quatriesme res-ponse.

En tous les pays Chrestiens hors la France le Concile a esté re-ceu, neantmoins il n'y a aucun Monastere de l'Ordre en iceux, auquel on aye quitté la dispense & repris l'Abstinence.

Cinquiesme respon-se.

Les Congregations cy-dessus mentionnées , excepté les deux de Castille & de Sainct Bernard en Italie, sont toutes posterieu-res au Concile, il n'y en a pas vne qui aye quitté l'vsage de la dispense , lequel a tousiours pareillement continué en celles de Castille & de Sainct Bernard en Italie.

Celles de Portugal , d'Arragon, & de la Romagne, ont esté erigées ou approuuées par Bulles ou Brefs du Sainct Siege, tous depuis le Concile, sans aucune inionction de l'Abstinence, ny derogation à la dispense.

Dans le Bullaire produit par *les Abstinents*, auquel se trouue vne grande partie des pieces iustificatiues de la defense *du Chapitre*

Sixiesme response.

General, il y a en la page 218. vne Bulle du Pape Pie V. du 8. Mars 1570. en la page 211. vn Bref du Pape Gregoire XIII. du 12. Iuin 1574. l'vn & l'autre depuis le Concile, en des temps qui en estoient proches, & pour reglements en l'Ordre de Cisteaux, sans auoir donné aucune atteinte à la dispense de l'Abstinence.

En la page 415. est vn Bref du Pape Sixte V. du 5. May 1586. aussi depuis le Concile, pour les Feüillans, auant leur separation de l'Ordre de Cisteaux, à ce qu'on ne les obligeast point d'vser *Indultu & dispensationibus Apostolicis, quibus vetustam vestri Ordinis & primæuam institutionem illiusque austeritatem diuersi nostri prædecessores mansuetudine quadam temperarunt, & laxiorem honestam tamen viuendi normam instituerunt & benignè indulserunt,* c'est vne formelle confirmation des dispenses en l'Ordre de Cisteaux depuis le Concile.

Septiesme Response. Apres tout au fait dont est question il ne peut y auoir de plus raisonnable interpretation du Concile, auquel l'Ordonnance est conforme & n'a rien adjousté, que la Decision de Sainct Bernard, vn des premiers Peres de l'Ordre de Cisteaux, & vne des plus éclatantes lumieres de l'Eglise qui ayent precedé le Concile de Trente.

Il propose en son Liure *De præcepto & dispensatione Cap. XVI. Num. XLVI.* Le vray estat de la profession des Religieux, en ce qui est de la relation d'icelle à la Regle, en ces termes, *Nemo quippe cum profitetur spondet regulam, sed determinatè secundum regulam, sui quisque conuersionem, suamque deinceps conuersationem sese pollicetur dirigere, hæc profecto huius temporis omnibus fermè Monachis communis professio est.*

Apres expliquant ce que c'est que viure selon la regle il dit, *& licet in diuersis Monasterijs diuersis & obseruantijs Deo seruiatur, quamdiu tamen sui quisque loci bonos vsus seruat, haud dubium quin secundum regulam viuat, quoniam quidem boni vsus à regula non discordant.* Enquoy on ne peut pas douter, qu'ayant iugé que les manieres de viure qui sont innocentes & ne sont introduites que par l'vsage, ne destruisent pas la regle, il n'aye à plus forte raison estimé que de viure selon des dispenses du Sainct Siege ce ne soit viure selon la Regle.

Ce qui est dautant plus certain, que le Sainct Siege donnant l'existence à la Regle par la confirmation d'icelle, il peut y adiouster ou diminuer en la suite des temps, & tout ce qu'il y change fait partie de la Regle, par le moyen dequoy c'est satisfaire à l'obligation

ligation de viure selon la Regle, & par consequent selon le Concile & les Ordonnances, d'obseruer la Regle au dernier estat auquel elle a esté mise par le Sainct Siege, ny ayant point de desobeïssance à la Regle, de ne pas faire tout ce qui est porté par la Regle.

Sicut (dit Sainct Bernard Num. XLVII. de ce mesme Chapitre) *Non omnes omnia tenent (etiam boni Christiani) quæ in Euangelio sunt, omnes tamen secundum Euangelium viuunt, nam qui concessis alligari coniugijs contenti sunt, non ideo tamen credunt se recessisse ab Euangelio, quia Euangelici sublimitatem Concilij de cælibe ducenda vita non elegerunt.*

C'est pourquoy il faut faire cette reflexion, qu'il n'y auoit point encores de dispense ny d'vsage dérogeant à l'Abstinence, quand Sainct Bernard a dit en concluant *Num. XLVIII. Exceptis proinde Cisterciensibus, & qui illorum forté ritu, non tam viuere secundum regulam, quam ipsam ex integro puré ad litteram, vti se sanè professos esse putant, tenere curant* (ce que ne font pas *les Abstinents*, qui ne font point d'autre profession que les Religieux de l'obseruance generale de l'Ordre) tellement que si lors il y auoit eu en l'Ordre de Cisteaux vne dispense, qui est sans proportion plus considerable que la coustume ou l'vsage, Sainct Bernard n'auroit pas excepté son Ordre de ce qu'il a dit immediatement apres, *De cætero neminem obedienter degentem regularis moueat solemnisque professio in qua non sit de tota regula promissio, in his dumtaxat Monasterijs, in quibus ordo & disciplina seruatur cum bonis consuetudinibus.*

Apres auoir cy-dessus estably, *Qu'il y a Dispense canonique de l'Abstinence continuelle de chair en l'Ordre de Cisteaux, Que cette Dispense n'a pas esté cause des relasches d'obseruance arriuées en l'Ordre dans les Trois Quatre & Cinquiesme siecles d'iceluy, Que les Chapitres Generaux, les Abbez de Cisteaux, les Quatre Premiers Peres, & autres faisants la plus notable partie du Corps de l'Ordre ne sont point tombez en ces dereglements.

Voicy l'estat au vray du trouble & de la persecution de l'Ordre par *Les Abstinents* dans le siecle present, qui est le sixiesme de l'Ordre.

L'an 1618. au Chapitre General l'Abbé de Cisteaux a proposé, que depuis la derniere assemblée, (elles n'estoient deslors & dés auparauant que de quatre en quatre ans) il auoit permis à quelques personnes de l'Ordre, (desquels feu Dom Estienne Maugier Abbé de la Charmoye estoit le Chef) qui l'en auoient

L. de la production principale des Abstinents.
Contredits desd. VVyart & Tedenat fol. 143.

requis (du nombre defquels quoy que difent *les Abftinents* n'eſtoit point feu Dom Denys Largentier penultiefme Abbé de Clairuaux,) de reprendre la continuité d'Abftinence, fans parler au furplus d'autres obferuances que de celles qui eftoient en tout l'Ordre, la requifition de ces premiers Abftinents eſt vne preuue de leur foufmiffion & obeiffance à l'Ordre, & de ce qu'ils ne pouuoient faire ce changement qu'il ne leur fuſt permis, Le Chapitre General a loüé leur deuotion, & approuué la permiffion que leur auoit donné l'Abbé de Cifteaux, & a neantmoins adioufté, pour preuenir les inconuenients des fuites qui eftoit preueuës & font furuenuës de cette nouueauté, *Cupit tamen vt hi quibus hactenus fuerat ad tempus abftinentia totalis permiffa, toti deinceps Ordini fefe conforment.*

VIII. Avril 1622. Par Bref du Pape Gregoire XV. feu Monfieur le Cardinal de la Roche-Foucauld a eſté commis & delegué pour fix années, pour vifiter & reformer en France les Ordres de Sainct Auguftin, de Sainct Benoift, de Cluny, & de Cifteaux, c'eſt à dire pour voir ce qui deuoit eftre actuellement obferué, & s'il ne l'eftoit pas pouru eoir à le faire obferuer.

XV. Iuillet 1622. il y a eu pour l'execution de ce Bref Lettres patentes du Roy, fans adreffe ny verification au Parlement, & auec referue des oppofitions & appellations à *Sa Maiefté*, & deputation de Commiffaires du Confeil.

XI. Mars 1623. Ordonnance eſt decernée par M. le C. de la Roche-Foucauld portant erection d'vne Congregation de l'Ordre en France, compofée de l'Abbaye de Clairuaux (de laquelle led. defunct Abbé auoit alors repris l'Abftinence) & de LVIII. Monafteres de la filiation d'icelle, & que des autres Monafteres de l'Ordre en France il feroit fait plufieurs Congregations, en toutes lefquelles les Religieux qui feroient receus à l'auenir feroient profeffion de l'eftroite obferuance, c'eſt à dire de l'Abftinence, tout le furplus de ce qui eſt obferué par *les Abftinents*, qui fe difent de l'eftroite obferuance, eftant d'obligation en tout l'Ordre, tellement que cette reformation confiftoit à abolir la difpenfe pour l'auenir, afin de foufmettre l'Ordre aux Abftinents, & en ce faifant changer l'eftat d'iceluy, & le faire retourner dans les l'agitation ou il auoit eſté durant prés de deux cent ans, à caufe de l'Abftinence non effentielle en l'Ordre, & le priuer de la tranquillité ou il eftoit par le moyen de la Difpenfe depuis plus de cent ans.

Cette ordonnance decernée fans vifite des Monafteres, comme

C. de la production defd. VVyart & Tedenat.

C. de lad. productiō.

C. de lad. production. Contredits defd. VVyart & Tedenat fol. 146.

vne affaire de Cabinet, negotiée par simple Conference de M. le C. De la Roche-Foucauld auec des Religieux d'autres Ordres, l'Abbé de Cisteaux, l'Abbé de Clairuaux qui estoit *Abstinent*, son Coadjuteur qui ne l'estoit pas, & quelques autres *Abstinents*, & tous ont souscrit, tellement qu'il ny auoit que l'Abbé de Cisteaux representant le Corps de l'Ordre, lequel signa afin de ne passer pas pour contraire à ce qu'on appelloit la Reforme, sçachant encores que sa signature ne pourroit auoir effect qu'en tant qu'elle seroit approuuée par *le Chapitre General*, duquel l'Assemblée deuoit estre deux mois apres.

XV. May 1623. *Le Chapitre General* à rendu son Decret en ces termes, *hanc prætensam congregationem, quæ segregationem & separationem schisma & diuisionem redolet, nullo modo fieri posse censuit*, c'est la premiere partie, qui est vne contradiction ou protestation publique à ce qu'auoit fait M. le C. De la Roche-Foucauld, *ac salua quam debet dicto Reuerendißimo Domino Cisterciensi reuerentia, quidquid ab ipso circa hoc negotium actum est sustulit, cassauit, annullauit*, c'est la seconde partie, qui est vne reuocation ou desaueu de la signature susdite de l'Abbé de Cisteaux, *Mandando generalibus Ordinis procuratoribus, vt strenuè & generosè intercedant, & sese opponant, atque ad opportuna quælibet tribunalia pro iure Ordinis conseruando recurrant*, c'est la troisiesme partie, par laquelle il appert que *le Chapitre General* ne s'est point fait iustice en sa cause, mais a eu recours aux voyes de droict.

C. de la production desd. VVyart & Tedenat. Leurs Contredits. fol. 149.

En ce *Chapitre General*, lequel ainsi qu'il appert par l'inscription a esté fait *pro reformatione dicti Ordinis*, il y a eu des Reglements pour maintenir la regularité dans l'Ordre, & pour la restablir ou elle seroit affoiblie, selon qu'il est declaré par ces mots de la preface, *Seriam constantem & duraturam Ordinis huius reformationem stabilire volens, monasticam disciplinam vbi exciderit restituendo, vbi vigebit conseruando.*

Et tant s'en faut qu'on aye voulu par iceluy destourner de l'Abstinence ceux qui en auoient ou en auroient la deuotion, qu'au contraire on leur a ordonné d'y perseuerer sans fraude, *perpetuam porro à carnibus abstinentiam qui iam amplexi sunt, & in posterum seruare proponent & promittent, deinceps exactè retineant.*

Auec ce temperament iuste & necessaire pour preuenir alteration en l'estat de l'Ordre, *quamdiu illa charitati ac maiori Ordinis & Monasteriorum eiusdem bono & vtilitati non aduersabitur*, ce qui est dissimulé par *les Abstinents* en parlant de ce *Chapitre General*, il y a dans le procez multitude d'autres dissimulations ou retranchements qu'ils font de ce qui ne leur eſt pas auantageux ou qui leur eſt contraire dans les pieces.

28. *Iuillet* 1623. l'Abbé de Ciſteaux a gratifié *les Abſtinents* en deux manieres.

1. Il a eſtably le ſuſdit feu Abbé de la Charmoye Vicaire ſur les Monaſteres de l'Abſtinence , & les a exempté de la iuriſdiction des Vicaires des Prouinces, ce Vicariat ainſi commencé à touſiours eſté par la meſme voye continué depuis en l'Ordre, *les Abſtinents* l'ont accepté autant de fois qu'il a eſté donné, ce qui eſt excluſif de leur pretenſion d'y commettre par election.

2. Il a permis au meſme Abbé de la Charmoye en ſa qualité recente de Vicaire , d'aſſembler les Superieurs des Monaſteres eſquels l'Abſtinence eſtoit obſeruée, pour aduiſer aux moyens d'y perſeuerer auec vniformité , cette permiſſion a eſté l'exemple d'autres ſemblables qu'il y a eu en ſuite en d'autres temps, au préjudice deſquelles la pretenſion *des Abſtinents*, d'eſtre aſſemblez par authorité du Vicaire General de l'Ordre ſur leurs Monaſteres, reſiſte à leur propre fait.

Dautant plus, que par le Reſultat de cette aſſemblée tenuë le 11. *Iuillet* 1624. en l'Abbaye des Vaux de Cernay, il eſt dit dés l'entrée que c'eſtoit ſuiuant la permiſſion de l'Abbé de Ciſteaux , & plus bas il eſt porté que *les Abſtinents* ont fait vne fidele & ferme proteſtation de ne rien propoſer ny conclurre au préjudice de l'authorité de l'Abbé de Ciſteaux & des quatre premiers Peres, & de plus en ces Articles il y a des clauſes precaires qui teſmoignent que *les Abſtinents* ſont en la dependence de l'Ordre.

4. *Septembre* 1624. l'Abbé de Ciſteaux a accordé *aux Abſtinents* vne confirmation prouiſoire des articles de leur Aſſemauſquels par cét acte ils ont par ſurpriſe fait gliſſer la qualité de Statuts , quoy que le mot ny autre approchant ne ſoit point és articles, & ce mot non plus que les articles ny la confirmation ne font aucune conſequence. Dautant que l'Abbé de Ciſteaux n'ayant fait cette grace *aux Abſtinents* qu'auec cette clauſe reſolutoire & limitatiue d'vn temps, ce que *les Abſtinents* ont accepté, *Vſque ad ſequens capitulum noſtrum generale, à quo prædictorum ſtatutorum confirmationem obtinere tenebuntur* , ce qui n'a point eſté fait, la confirmation à ceſſé, & les articles ou pretendus Statuts ne ſubſiſtent plus.

Leſquels ne ſont pour la plus grande partie, qu'vne redaction en autre forme auec modifications & diminutions, des Decrets du du Chapitre General de 1623. aufquels *les Abſtinents* font obligez, & il y eſt plus punctuellement obey en pluſieurs Abbayes de la Commune obſeruance de l'Ordre, qu'en celles de l'Abſtinence.

En ces articles il y a quelques additions aux ſuſdits Decrets, leſquelles ou ne ſont nullement obſeruées par *Les Abſtinents*, ou s'ils en ont l'vſage en apparence, ils s'en diſpenſent facilement en effect.

25. Octobre 1624. par le decez de feu Dom Denys Largentier penultieſme Abbé de Clairuaux, qui auoit eſſayé d'introduire l'Abſtinence dans ſon Monaſtere, feu Dom Claude Largentier de la Commune obſeruance eſt deuenu Abbé, de Coadjuteur qu'il eſtoit, par élection agrée par le Roy & faite par les Religieux depuis que ſon Predeceſſeur ſe fut declaré Abſtinent, marque de nullité du pretendu eſtabliſſement de la Congregation de Clairuaux mentionnée cy-deſſus, & de l'abandonnement d'icelle par *les Abſtinents*.

Mais ce Coadjuteur n'ayant pas encóres ſes Bulles, *les Abſtinents* ont entrepris de l'éuincer de l'Abbaye, & ſur requeſte du 4. Ianuier 1625. ils ont eu de Monſieur le Cardinal De la Roche-Foucauld des Deffenſes de troubler à Clairuaux quelques Abſtinents qui y eſtoient, & qui ne faiſoient point toute la Communauté du Monaſtere, la plus grande partie eſtant de la Commune obſeruance.

Laquelle s'eſt pourueuë au Parlement par appel comme d'abus des Ordonnances de M. le C. De la Roche-Foucauld, l'a fait intimer en ſon propre & priué nom, & réadjourner en vertu d'arreſt, ne s'eſtant pas preſenté ſur la premiere aſſignation, il n'a point non plus comparu ſur la ſeconde, & *les Abſtinents* ſous ſon nom ont entrepris de faire valoir & executer ſes Ordonnances, meſmes par des voyes extraordinaires.

Sur ce les Religieux de Clairuaux ont continué leurs pourſuites au Parlement, & y ont obtenu quatre Arreſts, les 25. Avril 23. May 14. Iuin 15. Iuillet 1625. tous ſur pieces veües, & ſur concluſions de Monſieur le Procureur General, & deüement ſignifiez.

Par le I. dans le Veu duquel eſt le Decret ſuſdit *du Chapitre General* de 1623. Ordonné ſur les appellations audiance au premier iour, cependant defenſes particulieres à toutes perſonnes de rien attenter, à peine de nullité &c. Enioint à tous Officiers du Roy tenir la main à l'execution de l'Arreſt, à peine de reſpondre des contrauentions en leurs noms.

H

L. De la production des Abſtinents.

C. De la premiere production deſd. VVyart & Tedenat, & D. de leur troiſieſme produ-ction.

Par le II. Sur la plainte des Religieux de Clairuaux, d'entreprifes de feu M^r l'Euefque de Lengres, fubdelegué de M. le C. De la Roche-Foucauld pour l'execution de fes Ordonnances, *la Cour* a fait iteratiues defenfes tant aud. fieur Euefque de Lengres que tous autres, de rien attenter au préjudice defd. appellations comme d'abus, à peine de nullité & caffation de procedures, enioint aux Religieux de Clairuaux & autres de l'Ordre, d'obeïr à l'Abbé de Cifteaux & autres Abbez Religieux par luy deputez, & de viure felon les Régles & Statuts de l'Ordre fans y rien innoüer, iufques à ce qu'autrement par la Cour en eut efté ordonné.

Par le III. *La Cour* adjugeant le profit du defaut à faute de comparoir contre M. le C. De la Roche-Foucauld, a dit qu'il auoit efté mal nullement & abufiuement procedé & ordonné, enioint à luy d'apporter & mettre au greffe d'icelle les Bref du Pape & Lettres mentionné en l'Ordonnance dont eftoit appel, pour eftre communiqué à M. le Procureur General, & deffenfes aud. Sieur C. De la Roche-Foucauld de proceder en vertu d'iceux iufques à ce que autrement par la Cour il en euft efté ordonné, & condamné aux defpens.

Par le IV. Sur ce que non feulement M. le C. De la Roche-Foucauld n'auoit pas fatisfait au precedent, mais de plus nonobftant iceluy entreprenoit de paffer outre, il a efté ordonné que les fufdits trois Arrefts feroient executez, Defenfes à toutes perfonnes d'y contreuenir à peine de mil liures parifis d'amende, & pour l'execution d'iceux vn de Meffieurs les Confeillers commis, & pour informer des defordres arriuez en l'Abbaye de Clairuaux contre & au préjudice des Arrefts.

La defcente de M. le Commiffaire du Parlement à Clairuaux, & la crainte que *les Abftinents* ont eu des fuites de fon information, les ont fait abftenir de plus pretendre pour cette fois fur l'Abbaye de Clairuaux, de laquelle l'Abbé éleu ayant eu les Bulles, il en eft demeuré paifible poffeffeur durant plus de 28. années, iufques à fon decez l'An 1653.

Quoy que les fufdits Arrefts n'ayent efté obtenus que par les Religieux de Clairuaux, & fur leur appel comme d'abus de ce que M. le C. De la Roche-Foucauld auoit fait touchant leur Monaftere, Neantmoins les defenfes du fecond Arreft ayants efté generales pour tout l'Ordre, & celles du troifieme eftants de proceder à l'execution du Bref & des Lettres Patentes fur iceluy, iufques à ce que le tout mis au Greffe & communiqué à M. le

Procureur General il en euſt eſté ordonné par La Cour, l'effect de ces Arreſts a eſté pour tout l'Ordre de Ciſteaux.

Duquel le Parlement n'a nullement empeſché la reformation ſi aucune euſt eſté à faire, mais il a pourueu à ce qu'il y fuſt procedé par les formes de Droict, & que ſoubs pretexte d'icelle il n'y euſt point de vexation contre les Abbez & Religieux.

Dans le commencement de celle qui eſtoit exercée contre Clairuaux, l'Abbaye de Ciſteaux ayant vacqué par mort, Dom Pierre Niuelle qui eſtoit de la Commune Obſeruance a eſté éleu en Nouembre 1 6 2 5. par les Religieux qui en eſtoient, ſon élection agrée par le Roy, & confirmée par le Pape, M. le C. De la Roche-Foucauld ny ſoubs ſon nom *les Abſtinents* n'ont pas reclamé ſur ce que l'Abbé de Ciſteaux n'eſtoit pas de l'Abſtinence ou Pretenduë Reforme.

En faueur de laquelle nouueau Vicariat ſur les Monaſteres d'icelle a eſté donné par l'Abbé de Ciſteaux le 6. *Feurier* 1 6 2 8. au defunct Abbé De la Charmoye.

En la meſme année 1 6 2 8. le Chapitre General à maintenu *les Abſtinents*, & preuenu par le Decret qui enſuit, la confuſion qui auroit peu arriuer en l'Ordre par la diuerſité des Obſeruances, *Religioſæ omnium Ordinu profeſſorum quieti Capitulum Generale prouidere cupiens, diſtrictè præcipit, vt in Monaſteria quæ Abſtinentiæ ab eſu carnium ſe tradiderunt, nullus omnino Monachus ad ibidem commorandum mittatur, qui illam non ſit paratus amplecti. Nec ſimiliter in Monaſteria quæ in antiquiſſimo vſu Ordinis, & Apoſtolicæ diſpenſationis beneficio permanſerunt, vllus illorum mitti poſſit, qui prædicta Abſtinentiæ ſe dederunt, ne ex diuerſitate conuictuũ vnio ſcindatur, & oriantur diſsidia.*

Depuis ce Chapitre General de 1628. les aſſemblées d'iceluy ont eſté interrompuës pendant XXIII. Ans, iuſques en 1651, par l'artifice *des Abſtinents*, pour faire que par cette ceſſation il y euſt deſordre en quelques Monaſteres, & en prendre pretexte de neceſſité de Reforme.

10. *Septembre* 1 6 3 2. Il y a eu vn ſecond Bref du Pape, portant prorogation pour trois ans, de la Delegation que M. le C. De la Roche-Foucauld auoit eu par le premier Bref du 8. Auril 1 6 2 2. pour 6 ans, qui eſtoient expirez il y auoit quatre ans alors du ſecond Bref.

Sur lequel 17. *Decembre* 1632. Lettres Patentes du Roy, en la meſme forme que celles ſur le premier Bref, & auec pareil manquement d'adreſſe & verification au Parlement.

Y, De la production de M. l'Abbé de Ciſteaux.

L. De la productiõ des Abſtinents.

D. De la production deſd. VVyart & Tedenat.

En la cotte cy-deſſus.

M. de la produčio
des Abstinents.

En vertu d'Ordonnance de M. le C. De la Roche-Foucauld du
15. Aoust 1633. les 17. & 29. du mesme mois les Bref & Lettres
Patentes ont esté signifiez à l'Abbé de Cisteaux, tant pour luy
que pour les quatre premiers Peres, auec citation à comparoir de-
deuant M. le C. De la Roche-Foucauld.

Lequel au preiudice des defenses portées par les Arrests susdits
ne pouuant proceder, attendu que le second Bref n'estoit que la
continuation du premier, l'Abbé de Cisteaux & les quatre premiers Peres n'ont peu ny deu comparoir sur cette citation.

Aussi le Bref n'estoit pas vne commission pour instruire & iuger vn procez, mais pour reformer vn Ordre en ce qu'il en auroit
esté besoin, & pour y agir canoniquement la forme estoit de com-
mencer par visites des Monasteres, ainsi qu'il estoit prescrit par
les Brefs, à quoy il n'a pas esté satisfait.

Au lieu dequoy M. le C. De la Roche-Foucauld pour preparer
le changement qu'il vouloit faire de l'estat de l'Ordre par ses Sentences, à simplement fait les actes qui ensuiuent.

Cotte cy-dessus.

15. *Nouembre* 1633. il a entendu vne declamation, que *les
Abstinents* ont fait par la bouche du feu Abbé De la Charmoye,
contre la commune obseruance de l'Ordre, pour pretendre qu'à
l'effect de le reformer l'introduction de l'Abstinence estoit necessaire, ce qui fait voir que dés le premier acte de la procedure
sur laquelle les Sentences dont est appel ont esté dressées, *les Abstinents* y ont esté parties formelles, autant qu'ils l'ayent peu estre
en vn procedé auquel il n'y a point eu de forme Iudiciaire.

Cotte cy-dessus.

18. *Feurier* 1634. M. le C. De la Roche-Foucauld a assemblé
dans Paris quelques-vns des Commissaires du Conseil deputez
par les Lettres Patentes, XII. Religieux de diuers Ordres, &
quatre Abstinents. Tous conioinctement sans auoir rien sçeu de
l'Ordre de Cisteaux, que ce qui leur en a esté dit par *les Abstinents*, iuges en leur cause, & deliberants auec les autres, sans
auoir ouy aucun Abbé ny Religieux de la commune obseruance de l'Ordre, ont arresté & signé vn pretendu aduis sur la maniere de reformer cét Ordre, & leur conclusion a esté, de le mettre soubs la conduite *des Abstinents*, & obliger à leur obseruance
tous les Abbez & Religieux à venir.

Inuentaire de la
production des Ab-
stinents fol. 32.

20. *Mars* 1634. par Lettres de cachet du Roy les Abbez de Cisteaux, la Ferté, Pontigny, Clairuaux & Morimond ont eu commandement d'aller vers M. le C. De la Roche-Foucauld, iusques à
ce a esté interdite la tenuë du Chapitre General indiqué il y auoit
long temps au 15. May. ensuiuant, lequel par ce moyen estant
empesché,

empesché, les Estrangers qui s'y estoient acheminez sont retournez auec estonnement de cette nouuelle maniere d'agir en France, laquelle leur estoit incognuë, ny en ayant iamais eu d'exem-
lpe dans l'Ordre de Cisteaux.

Dernier d'*Auril* 1634. les susdits Abbez par obeissance au
Roy se sont rendus vers M. le C. De la Roche-Foucauld
xi & 5. *May* 1634. pour le dissuader de ce que *les Abstinents* luy
imposoient, & non pour proceder pardeuant luy au preiudice
des Arrests de defenses du Parlement, ils luy ont proposé par forme d'ouuerture quelques expedients pour asseurer la discipline
reguliere és Monasteres de l'Ordre où elle se trouueroit affoiblie,
Mais parce que ce n'estoit pas soufmettre l'Ordre *aux Abstinents*,
pour lesquels il estoit preuenu, les proposisions ne luy ont pas
esté agreables, & il a traicté de mépris & de rebut ces cinq Prelats Reguliers.

Ils n'ont point signé les procez verbaux portants leurs compa-
rutions & remonstrances, lesquelles y ont esté redigées par *les Ab-*
stinents ainsi qu'ils ont voulu, dont tels procez verbaux ne peuuent faire foy, pour estre signez de M. le C. De la Roche-Foucauld, parce qu'il agissoit sans pouuoir contreuenant aux Arrests
de defenses du Parlement, ny pour estre signez des Commissaires du Conseil, parce que par les susdites Lettres Patentes de leur
deputation ils n'auoient point non plus de pouuoir d'assister M.
le C. De la Roche-Foucauld en ses procedures.

Par mesmes raisons ce qui est rapporté que l'Abbé de Cisteaux
& les quatre premiers Peres ont esté interpellez de signer, & ont
refusé, ne peut estre tenu pour vray sur ces procez verbaux, lesquels n'estants pas vallables, l'inscription en faux alencontre n'est
point necessaire, & sans le respect de ceux qui les ont signé, on
iustifieroit qu'ils ont esté faits apres coup, hors la presence desd.
cinq Abbez.

9. *May* 1634. & autres iours suiuants M. le C. De la Roche-
Foucauld a esté au College des Bernardins, faire vn procedé qu'il
a qualifié visite, mais qui a esté vne audition des Religieux Officiers & Escoliers de ce College, lesquels on a fait parler comme
les Abstinents ont voulu dans le procez verbal, qui n'est point signé d'aucun de ceux qui ont esté entendus, & desquels il n'y a
eu ny interpellation ny refus de signer, partant il ne peut seruir
de preuue pour estre signé de M. le C. De la Roche-Foucaud &
de ses assistants, tous destituez de Iurisdiction & de pouuoir ainsi
qu'il est remarqué cy-dessus.

M. de la production
des Abstinents.
Sous la mesme cot-
te.

Côtte cy-dessus.

I

XXXIV.

Ce n'a pas esté (comme *les Abstinents* pretendent) vn scrutin de visite reguliere, lequel ne doit estre signé que du seul Visiteur, & nullement des Religieux visitez, parce qu'en ce cas le Visiteur agit seul, mais en ce procedé M. le C. De la Roche-Foucauld estoit assisté de deux Abstinents interessez, & de quatre Commissaires du Conseil, desquels deux estoient Prelats seculiers, & deux Officiers Laïques, tous exclus des visites par la police reguliere; & par le Bref du Pape, il y auoit de plus cohorte de gens armez, comme si dans Paris cét appareil eut esté necessaire, en vn College regulier, ou on n'estoit armé que de liures.

Encores que ce procez verbal soit de la façon *des Abstinents*, en ce qu'il est rapporté en iceluy auoir esté dit par ceux qui ont esté oüys de la Commune obseruance, il est assez apparent qu'il ny auoit rien a reformer dans le College, & que les Officiers faisoient leur deuoir pour tenir les estudians en regularité.

Aussi ce procez verbal de visite n'a esté suiuy d'aucune Ordonnance de reformation, & l'euenement n'en a esté autre que l'introduction que M. le C. De la Roche-Foucauld a fait *des Abstinents* dans le College, au temps cotté cy-apres en son lieu, en ce faisant *les Abstinents* ont eu le fruit qu'ils souhaitoient de cette Visite faite en leur faueur.

Il auroit esté iuste & regulier, en consequence des susd. Arrests, de se pourueoir au Parlement contre le procedé de M. le C. De la Roche-Foucauld, mais y ayant euocation à la personne du Roy par les susdites Lettres Patentes, *les Abstinents* auroient eu des Arrests du Conseil.

Sur ce l'Abbé de Cisteaux & les quatre premiers Peres se sont pourueus par deux autres voyes de droict.

I. Le 2. Aoust 1634. ils ont appellé au Sainct Siege de l'execution du Bref de 1632. par acte signifié à M. le C. De la Roche-Foucauld, & l'ont recusé pour auoir tesmoigné estre indigné & irrité du Decret du Chapitre General de 1623. & des Arrests du Parlement de 1625. & pour autres causes de recusation, & ou il passeroit outre ont appellé comme de Iuge suspect & recusé, auec autres declarations & protestations contenues en l'acte.

II. Par requeste au Roy ils se sont plaints du procedé de M. le C. De la Roche-Foucauld, en ont remonstré les nullitez, & les inconueniens qui en arriuoient en l'Ordre, ont demandé surseance de l'execution du Bref iusques à ce que l'appel fust iugé, en attendant ils feroient ce qui seroit à faire pour la discipline reguliere dans l'Ordre, & en rendroient raison à *Sa Maiesté*.

Sur cette requeste *le Roy* ayant deputé des Commissaires iusques au nombre de XVIII. tant Ecclesiastiques Seculiers & Reguliers que Laïques, ce qui arrestoit le cours du procedé de M. le C. De la Roche-Foucauld, *les Abstinents* qui veulent faire croire n'y auoir point esté parties, se sont saisis de l'Original de cette requeste.

Ce qui en a empesché la poursuite, que *les Abstinents* ont encore trauersé par vn projet de Sentence de reformation, qu'ils ont fait enuoyer au Roy sous le nom de M. le C. De la Roche-Foucauld auec ses motifs de ce projet, l'vn & l'autre ont esté l'ouurage *des Abstinents*. *D. de la production desd. VVyart & Tedenat.*

I. Le projet a passé depuis en Sentence, sans aucun autre changement que l'addition d'vne date conuaincuë de fausseté cy-apres, laquelle Sentence n'a rien fait pour reformer l'Ordre, mais simplement ordonné vn nouuel estat de l'Ordre en faueur *des Abstinents.*

II. Les motifs du projet ne peuuent estre attribuez à feu M. le C. De la Roche-Foucauld sans contreuenir au respect qui est deu à sa Memoire, c'est vn discours outrageux en inuectiues contre l'Ordre de Cisteaux, contre lequel on a pretendu par ces motifs n'auoir pas esté besoin de s'instruire par Visites ny autrement s'il y auoit à reformer en l'Ordre, parce qu'il y auoit *Notorieté trop publique & passée iusques à vne entiere diffamation &c. pour vn mal assez cognu pour lequel il ny auoit point à faire d'enquestes de ce qui ne pouuoit estre raisonnablement ignoré.*

Si M. le C. De la Roche-Foucauld a esté autheur de ce discours, comme soustiennent *les Abstinents*, on ne peut douter que son Exclusion de l'execution du Bref du Pape n'aye esté tres iuste par recusation, comme d'vn Iuge qui a declaré son ressentiment contre vn des grands Ordres Reguliers de l'Eglise & des plus considerables du Royaume.

Les Abstinents disent que ce projet de Sentence a esté agrée par le Roy apres l'auoir fait examiner, sans cotter par quelles personnes, & sans rapporter aucun acte d'approbation, sans que dans la Sentence il en soit fait aucune mention, en laquelle il y a plusieurs articles du dispositif sous le bon plaisir du Roy ce qui n'y seroit pas resté si le Roy auoit agreé, & de plus tant par les Lettres Patentes du 2. Septembre 1635. mentionnées cy-apres, que par celles du 7. Aoust 1651. par le moyen desquelles *les Abstinents* poursuiuent l'homologation de la Sentence au Parlement, *N. & O. de la production des Abstinents.*

il n'a point esté dit ; ce qui n'auroit pas esté omis s'il estoit vray, que la Sentence aye esté renduë apres que le projet en auroit esté agrée par le Roy.

Cét agréement n'ayant pû estre obtenu par *les Abstinents*, & dans le mesme temps s'estant rencontré que feu Monsieur le Cardinal De Richelieu souhaittoit l'Abbaye de Cisteaux, comme il auoit celle de Cluny, & a eu celle de Premonstré, trois Chefs d'Ordre en France, *les Abstinents* qui auoient accez à son Eminence, selon qu'il a paru dans la suite (l'Abbé de Prieres ayant esté son Secretaire pour les affaires des reguliers) se sont preualus de ce dessein pour ceux qu'ils auoient, & par l'authorité de M. le C. de Richelieu ont fait assembler le 25. de Mars 1635. en l'Abbaye de Royaumont, l'Abbé de Cisteaux & les quatre premiers Peres & deux Abbez Abstinents ; & de sa part il y a eu proposition à tous ensemble de quelques articles, non pas de reformation, mais de changement en l'Ordre, pour estre deliberé sur iceux en vne autre assemblée à Cisteaux le premier d'Octobre ensuiuant.

Les articles estans venus de M. le C. de Richelieu, les qualitez Eminentes que l'inscription d'iceux luy a donné n'ont point esté de l'inuention de l'Abbé de Cisteaux & des quatre premiers Peres, & leur souscription à ces articles, non pour s'y soûmettre, mais pour estre fait acte de ce qu'ils auoient esté receus pour en estre conferé à Cisteaux, ne les a pas rendu plus autheurs de ces qualitez que les deux Abstinents qui ont pareillement souscript, ainsi qu'il paroistroit par l'original de la piece, s'il estoit rapporté, au lieu que *les Abstinens* n'en rapportent qu'vne copie collationnée par Notaires sans appeller parties, en laquelle ils ont tronqué les signatures des deux Abbez Abstinents.

Le temps approchant de l'assemblée attenduë à Cisteaux au premier d'Octobre 1635. entre l'Abbé de Cisteaux & les quatre premiers Peres & autres Notables de la Commune obseruance de l'Ordre d'vne part, & *les Abstinents* & autres Religieux de l'Ordre de Sainct Benoist d'autre part, *les Abstinents* sous le nom de

M. le C. de la Roche-Foucauld se sont fait signifier le 4. Septembre en la personne du feu Abbé De la Charmoye pour l'vn des deux partys opposez, & pour l'autre party ont fait signifier le 5. du mesme mois, aud. Tedenat en vne qualité qu'il n'auoit point de Syndic de l'Ordre en France, estant seulement alors Docteur Regent en Theologie & Procureur au College des Bernardins, deux Sentences de M. le C. de la Roche-Foucauld, dattées dés

27. Iuillet 1634. & 20. Aouſt 1635. deſquelles *les Abſtinents* nomment la premiere generale & definitiue pour la reformation de l'Ordre de Ciſteaux, & la ſeconde particuliere & prouiſionelle.

La teneur de l'vne & de l'autre eſt incontinent cy-apres, pour ne pas interrompre par la diſcuſſion de ces Sentences le peu qui reſte de Narration ſur ce poinct.

Ces ſignifications ont eſté precedées de deux Lettres Patentes du Roy du 2. Septembre 1635. tant à des Commiſſaires du Conſeil Eccleſiaſtiques & Laïques pour executer la Sentence generale dans le College des Bernardins, qu'aux Officiers & Eſcoliers du meſme College pour en ſubir l'execution, laquelle a eſté faite en deux temps.

O. De la produ-Ction des Abſtinents.

Contredits deſdits VVyart & Tedenat fol. 207.

I. 6. Septembre 1635. M. le C. de la Roche-Foucauld aſſiſté deſd. ſieurs Commiſſaires & auec deux Exempts des Gardes & pluſieurs Archers s'eſt tranſporté au College, à depoſé les Officiers, mis *des Abſtinents* en leurs charges, & autres actes dont il appert par le procez verbal.

Cotte cy-deſſus. Contredits deſdits VVyart & Tedenat fol. 209.

Le feu Abbé de Foucarmont alors Prouiſeur du College en eſtoit abſent, eſtant en chemin pour l'aſſemblée de Ciſteaux, les autres Officiers & les Eſcoliers ont eſté retenus par le reſpect & la crainte, de faire des oppoſitions ou proteſtations, qui leur auroient eſté inutiles.

Le College n'eſtoit point à eux, il appartient à tout l'Ordre, auquel leur ſilence n'a peu preiudicier, puis qu'vn acquieſcement formel s'ils en auoient fait n'auroit peu diminuer le droict du Chapitre general, de vendiquer le College ſur la conqueſte que *les Abſtinents* ont preſumé en auoir fait.

II. 10. Septembre 1635. leſd. ſieurs Commiſſaires ont acheué cette execution dans le College, en mettant *les Abſtinents* en poſſeſſion des tiltres & des meubles.

Cotte cy-deſſus. Contredits cy-deſſus.

Des deux Sentences de M. le C. de la Roche-Foucauld *les Abſtinents* ſuppoſent que la premiere ſoit du 27. de Iuillet 1634. ils luy ont donné cette datte pour feindre qu'elle aye precedé l'acte cy-deſſus mentionné du 2. Aouſt 1634. d'appel au Sainct Siege & de recuſation de M. le C. de la Roche-Foucauld par l'Abbé de Ciſteaux & les quatre premiers Peres, afin d'auoir pretexte de pretendre que lors de cét acte l'affaire ne fuſt plus en ſon entier y ayant eu Sentence auparauant.

Antidate de la premiere Sentence de M. le C. de la Roche-Foucauld.

La preuue d'antidatte contre cette Sentence, n'eſt pas ſeulement en ce qu'elle n'a eſté ſignifiée qu'au mois de Septembre 1635. plus d'vn an apres le iour duquel elle eſt dattée.

K

Mais de plus il y en a vne demonſtration inuincible, en ce que par la requeſte dont il a eſté parlé cy-deſſus, preſentée au Roy par l'Abbé de Ciſteaux & les quatre premiers Peres, il y a expoſition expreſſe dud. acte d'appel & de recuſation, lequel partant il eſt certain auoir precedé cette requeſte.

D. de la production deſdits Vuyart & Tadenat.

Les motifs du project de Sentence enuoyez au Roy par M. le C. de la Roche-Foucauld ſont des reſponſes à cette requeſte, à laquelle l'acte d'appel & de recuſation eſt anterieur, doncques il eſt conſtant que les motifs ſont poſterieurs au meſme acte.

Cotte cy-deſſus.

Par les motifs il appert qu'il ny auoit point encore de Sentence, puiſque le projet en eſtoit enuoyé au Roy, pour en auoir ſon approbation auant que de rendre Sentence.

Il s'enſuit par conſequence ineuitable, qu'il ny a point eu de Sentence auparauant l'acte d'appel & de recuſation, il eſt du 2. Aouſt 1634. la Sentence eſt dattée du 17. Iuillet en la meſme année, c'eſt vn antidatte euident.

Les preuves de cét Antidate ſont és contredits deſd. VVyart & Tedenat, depuis le fueillet 198. inſques au 204.

Lequel doit auec raiſon exciter l'indignation publique, pour l'honneur de la memoire venerable de feu M. le C. de la Roche-Foucauld, contre la temerité reprehenſible des Abſtinents, d'auoir abuſé de la trop grande confiance qu'il auoit en eux, pour ſurprendre ſa ſignature ſur vn acte dans la datte duquel il y a vne fauſſeté manifeſte.

17. Iuillet 1634.

Cette Sentence peut-eſtre diuiſée en deux parties.

I. Eſt la preface, auec le veu du Bref, des Lettres Patentes & des procez verbaux rapportez cy-deſſus, & quelques autres pieces.

Premiere Sentence de M. le C. de la Roche-Foucauld.

II. Eſt le diſpoſitif contenant XXXI. articles, leſquels ſe reduiſent à quelques principaux Chefs, dont ces articles ne ſont que l'extenſion ou explication.

D. de la production deſdits VVyart & Tedenat.

Sçauoir, qu'il n'a rien eſté enjoint ny rien deffendu par cette Sentence aux Abbez & Religieux actuellement profez de la Commune Obſeruance de l'Ordre pour ſatisfaire aux deuoirs de leur profeſſion, ce qui eſt vne iuſtification pour eux contre les calomnies des Abſtinents, & que cette Sentence ne peut-eſtre eſtimée, pour parler en terme plus conuenable au ſubject, vn Decret de reformation.

De cette Sentence il y a appel comme d'abus au procez par leſd. VVyart & Tedenat eſdits Noms.

Que les Abbayes de Ciſteaux la Ferté Pontigny Clairuaux & Morimond ſeroient viſitées par des Prelats ſubdeleguez, & s'il eſtoit recognu qu'en icelles ou en quelqu'vne l'eſtroitte Obſeruance de l'Ordre ne fuſt pas gardée, il y ſeroit introduit nombre competent de Religieux de cette Obſeruance, qui feroient le Conuent ou Communauté de l'Abbaye, ce qui fait veoir que la Sentence a esté renduë sans sçauoir en quel estat pouuoient estre les cinq premieres Abbayes de l'Ordre, encores moins les autres, & sur ce est à remarquer combien est estrange cette notorieté diffamatoire cy-dessus rapporré des Motifs du Projet.

Que ces Religieux seroient pris des quinze Monasteres de l'Ordre nommez par la Sentence ou d'aucuns d'iceux esquels l'Obseruance reguliere se trouuoit establie, & ces quinze Monasteres estans ceux de tout l'Ordre esquels estoit alors l'Abstinence, c'est vne preuue que par cette Sentence l'estroitte ou exacte Obseruance de la Regle est entenduë de celle *des Abstinents*, en laquelle ny ayant quel Abstinence au delà de ce que toutes les personnes de l'Ordre sont obligées d'obseruer, tout ce qui est ordonné par la Sentence se resout à introduire l'Abstinence dans l'Ordre.

Que *les Abstinents* qui seroient introduits és cinq principales Abbayes, auroient tous les Offices Claustraux, priuatiuement aux Religieux de la Commune Obseruance.

Que au temps à venir il ne seroit plus admis de Religieux à la profession dans l'Ordre, que pour estre dans l'estroitte Obseruance, c'est à dire l'Abstinence.

Que vacation aduenant des cinq premieres Abbayes de l'Ordre, qui sont electiues par les Religieux profez d'icelles selon l'article III. de l'Ordonnance de Blois, l'Election seroit faite par *les Abstinents*, qui y seroient appellez à cét effect, à l'exclusion des Religieux de la Commune Obseruance profez des maisons.

Qu'il n'y auroit que *les Abstinents* qui eussent voix passiue, c'est à dire qui fussent eligibles, és elections de ces cinq Abbayes.

Que le Roy seroit supplié pour le regard des Abbayes de l'Ordre qui ne sont point en Commende, & desquelles sa Majesté à la nomination, de ny plus nommer que *des Abstinents* quand elles vaqueroient.

Que *les Abstinents* auroient tout pouuoir & authorité dans le College des Bernardins de Paris, & que les escoliers qui ne voudroient pas obseruer l'Abstinence en seroient enuoyez, vray expedient non seulement pour mettre l'ignorance dans l'Ordre, mais encores pour empescher les estrangers de venir estudier en France en ce College cómun des Religieux de l'Ordre de toutes Nations.

Que le Procureur General de l'Ordre en Cour de Rome, lequel y est pour tous les Monasteres de l'Ordre en toute la Chrestienté, & y est entretenu principalement par les contributions des Monasteres qui sont hors la Fráce, seroit Abstinent, & qu'il y auroit de la mesme Obseruance vn Procureur General de l'Ordre en Fráce.

Qu'en attendant qu'il y eut vn Abbé de Cisteaux Abstinent,
& que tout le Chapitre General de l'Ordre pour le regard de la
France (comme s'il y en auoit vn autre pour les estrangers) fust
composé d'Abstinents, il y auroit vn Vicaire General & des Af-
sistans tous Abstinents, par l'auis desquels l'Abbé de Cisteaux &
les quatre premiers Peres exerceroient leur iurisdiction, dans la
fonction de laquelle selon les dispositions de cette Sentence ces
principaux Prelats de l'Ordre n'auroient de Superiorité qu'en fi-
gure.

Que les autres Abbez Reguliers n'auroient plus de Iurisdiction
en leurs Monasteres quand *les Abstinents* y seroient establis, &
cependant demeureroient priuez d'y admettre des Nouices.

Les nullitez abus & Iniustices de cette Sentence paroissent
par la discussion des circonstances d'icelle en la forme & au fonds.

En conferant les Brefs de delegation de M. le C. de la Roche-
Foucauld auec les procez Verbaux preparatoires de la Sentence,
il est constant qu'il n'a point obserué les formes que les Brefs luy
auoient prescript.

Il les a executé apres des Lettres Patentes du Roy non addressées ny verifiées au Parlement.

Il a passé outre nonobstant les Arrests de defences sur le premier Bref, au préjudice de l'appel de l'execution du second au
Sainct Siege, & des recusations.

Il a excedé le pouuoir du Bref, par lequel il luy estoit ordonné
d'enuoyer au Pape les procedures instructiues de ce qui se trouueroit important dans le cours de l'execution, pour y estre pourueu
par Sa Sainĉteté, deux choses s'y sont rencontrées de la derniere
importance, l'vne la pretenduë subuersion & diffamation de
l'Ordre, sur la Notorieté imaginaire & calomnieuse de laquelle
il a fondé sa Sentence, il ne pouuoit y auoir de matiere plus graue
pour estre reseruée au Pape, puisque c'estoit vn faict de destruction de l'Ordre en son entier, l'autre estoit la contestation sur la
dispense de l'Abstinence, laquelle il se void cy-apres auoir esté
estimée par autres deleguez du Sainct Siege ne pouuoir estre decidée que par le Pape, neantmoins M. le C. de la Roche-Foucauld
par sa Sentence a iugé ces deux articles definitiuement.

Il a changé l'estat de l'Ordre, & aboly la dispense de l'Abstinence pour les futurs Abbez & Religieux sans cognoissance de
cause, puisque d'vne part il a tesmoigné par le dispositif de cette
Sentence ne point sçauoir qu'elle estoit l'Obseruance reguliere
dans les Monasteres de l'Ordre, & d'autre part dans le veu de sa
Sentence

Sentence il appert qu'il n'a point veu les Bulles des Papes & les Decrets des Chapitres Generaux concernants la dispense.

Il a par cinq Chefs de sa Sentence prononcé sous le bon plaisir du Pape & du Roy, notamment en ce qui est de l'election par luy ordonnée de Religieux Abstinents pour Abbez des cinq premieres Abbayes de l'Ordre, & sans attendre les declarations de sa Saincteté & de sa Majesté sur ces Chefs à eux reseruès, il a osté aux Abbez des mesmes cinq Abbayes les droits & prerogatiues de leur Superiorité & Iurisdiction.

Il a rendu cette Sentence, selon qu'il appert par icelle, sur les auis qu'il auoit eu par le procez verbal cy-dessus rapporté du 18. Fevrier 1634. d'autres personnes que celles auec lesquelles il luy estoit mandé d'agir par le Bref, qui estoient les principaux Prelats de l'Ordre, lesquels il a negligé & mesprisé contre la teneur du Bref.

Il luy estoit enjoint par le Bref de maintenir en l'Ordre ce qu'il y trouueroit conforme aux Saincts Canons & aux Decrets du Concile de Trente, & ce qu'il a ordonné a esté pour destruire les choses qui estoient en cette conformité, sçauoir la Iurisdiction des Superieurs Maieurs Ordinaires & Locaux, & le surplus de la police de l'Ordre en l'estat auquel elle estoit alors de son Bref.

Il luy estoit encores enjoint de restablir en l'Ordre ce qui y auoit esté iniustement aboly, par le restablissement qu'il pretend y auoir faire fait de l'estroitte obseruance il n'y a restably que l'abstinence, le surplus de ce que les abstinents obseruent estant d'obligation à tout l'Ordre, tellement que l'Abstinence n'estant point iniustement abolie dans l'Ordre, puis qu'elle a cessé par dispense canonique, il a contreuenu au bref par ce restablissement d'vne obseruance legitimement abolie.

En ce qu'il a osté aux Abbez de l'Ordre leur jurisdiction, ou diminué l'authorité & vsage d'icelle, en laquelle ils sont conseruez par Bulles du Sainct Siege, Lettres Patentes des Roys & Arrests d'homologation au Parlement, & autres rendus en consequence, & en ce qu'il a priué les Religieux de la Commune Obseruance de la voix passiue dans les elections, laquelle leur appartient en vertu des mesmes tiltres, & les Religieux des Abbayes electiues de la voix active, en laquelle ils ont de plus esté maintenus par l'Ordonnance, sa Sentence est contraire aux Bulles, Lettres Patentes, Ordonnances, & Arrests.

Elle est pareillement contraire au droict commun, & aux Reglemens de toutes les Iurisdictions Ecclesiastiques & Laïques, en

L

ce qu'elle porte des condamnations infamantes contre tout l'Ordre, les Abbez & les Religieux d'iceluy, & aussi contre le Chapitre general, sans information ny autre instruction prealable selô les formes de droict, estant certain que suiuant les Loix de la police reguliere, les priuations de iurisdiction, de voix actiue & passiue, d'employ dans les Offices reguliers ou clauftraux ou generaux, & la tranflation de Monastere à autre, qui est une priuation du droict de stabilité acquis par la profession, portent notte d'infamie entre les reguliers.

Aprés toutes ces obseruations contre cette Sentence, expliquées & iuftifiées par l'inuentaire de la production principale desdits Wyart & Tedenat depuis le feüillet 164. sur la fin, jusques au feüillet 290. ce qui comprend les cottes N. & fuiuantes jusques à la cotte X. inclufiuement, il reste contre la mesme Sentence une reflexion à faire, laquelle pour monftrer que la Sentence est nulle abufiue & iniufte, feroit feule plus que fuffifante, d'autant plus qu'elle refulte d'vne contradiction qui ne peut eftre conciliée dans le fubftantiel de la Sentence.

C'est en ce que les Abbez & Religieux de l'Ordre qui eftoient profez alors de la Sentence n'ont point esté obligez par icelle à l'eftroire obferuance, qui est celle des abftinens, par ce que M. le C. de la Rochefoucault fçauoit qu'il y auoit obligation en tout l'Ordre d'obferuer ce que les abftinents obferuent hors l'abftinence; de forte que pour ce regard il n'y auroit rien à reformer en l'Ordre par nouuelles conftitutions.

Il n'a pas non plus enjoint aux Abbez & Religieux de la Commune Obferuance de l'Ordre de garder l'abftinence, par le moyen dequoy il a tacitement iugé que la difpenfe est canonique.

Autrement il auroit commis vne faute d'omiffion capitale dans une reformation, de n'auoir pas ordonné la pratique actuelle d'vne Obferuance prefcripte par la regle.

Ayant en cette maniere decidé aprés le Sainct Siege, que l'Abftinence n'eft point de l'effence de la regle dans l'Ordre de Cifteaux, puis que pour le reformer il auroit eſté de neceffité abfolue & indifpenfable, d'ordonner que tout ce qui feroit effentiel en la regle feroit obferué.

Il s'enfuit que la difpenfe dans l'Ordre eftant par luy reconuë veritable & valable, il a fait vn acte de nullité d'abus & d'iniuftice, venant contre fon propre fait, de deftruire la difpenfe par l'introduction de l'Abftinencence à l'aduenir, au prejudice de la police ancienne de l'Ordre, eftablie par authorité du Saint Siege, estant certain que ce qui y est contraire en telles occurrences, est nul abusif & injuste.

Les *Abstinents* ayans preueu l'impossibilité de faire subsister cette Sentence, en ont fait expedier vne seconde sous le nom de M. le C. de la Roche-Foucauld, qui est celle qu'ils appellent particuliere & prouisionnelle, du 20. d'Aoust 1635., presumans pouuoir conseruer l'aduantage qu'ils se sont donnez par icelle, par laquelle en attendant l'execution de la Sentence precedente, il a esté ordonné que les quinze Monasteres de l'Ordre esquels l'Abstinence estoit alors, sans estre separez ny demembrez de l'Ordre, demeureroient vnis ensemble en forme de Congregation, sous la superiorité & jurisdiction d'vn Vicaire general nommé par la mesme Sentence, au lieu duquel quand il seroit expedient d'en mettre vn autre, il seroit esleu par les *Abstinents*, és assemblées que cette Sentence leur permet de faire, & d'agreger auec eux autres Monasteres de l'Ordre qui voudroient se sous-mettre à la mesme Obseruance, auec deffenses au Chapitre general, à l'Abbé de Cisteaux, & aux quatre premiers Peres & autres Abbez de l'Ordre, d'apporter aucun empeschement aux *Abstinents*, reserué neantmoins par pure illusion aux Superieurs majeurs de la Commune Obseruance de pouuoir visiter en personne les Monasteres de l'Abstinence suiets à leur jurisdiction, pourueu qu'ils soient assistez de deux *Abstinents*, nommez en l'assemblée des autres, & qu'ils n'ordonnent rien que par le jugement de ces deux assistans, & que les *Abstinents* en leurs assemblées pourront créer tous Officirs, mesmes des Procureur Syndicqs en Cour de Rome & en France, & par un des chefs de la mesme Sentence l'administration du College des Bernardins & la nommination des Officiers d'iceluy leur sont adiugées par prouision.

Par ce reduit de cette seconde Sentence paroist la relation d'icelle à la premiere, à laquelle estant conforme, les moyens d'abus proposez contre la premiere ont pareil effect contre seconde.

Cette seule difference est à obseruer entre les deux, que par la premiere les *Abstinents* ont conceu vn dessein trop vaste pour y reussir, qui seroit d'auoir en leur possession toutes les Abbayes regulieres de l'Ordre dans le Royaume, & toutes les Menses conuentuelles de celles qui sont en commande, & par ce moyen faire vn Chapitre general d'*Abstinents* en France, leur estant indifferent que deuienne le desauantage qui arriueroit au Roy & à l'Estat, d'en auoir plus en France les Estrangers de l'Ordre en l'vnion d'iceluy & assistans au Chapitre general.

20. Aoust 1635.
Seconde Sentence de M. le C. de la Roche-Foucauld. D. de la production desd. VVyart & Tedenat. Il y a pareillement appel comme d'abus de cette Sentence par lesd. VVyart & Tedenat.

Et par la seconde Sentence les *Abstinents* de quinze Monasteres de l'Ordre demeurans unis aux corps d'iceluy par fiction, en
ont esté demembrez en effect, pour former vne Congregation
laquelle seroit independante du Chapitre general & des Superieurs Majeurs, nonobstant leur presence dans le Royaume, &
la tenuë du Chapitre general en iceluy, dans lequel cette nouuelle
Congregation auroit ce que n'ont point celles des pays Estrangers,
lesquels sont actuellement en la dependance & obeïssance au Chapitre general, & aux Superieurs Majeurs, quoy qu'esloignez d'i-
ceux d'vne tres-notables distance, Et au lieu qu'il y a peu de Congregations de l'Ordre dans les pays Estrangers, L'exemple de
celle que les *Abstinents* ont entrepris de former, sous pretexte de
ce qu'ils appellent maintenir la reforme, seroit vne ouuerture à
tous les autres Monasteres Estrangers de former de nouuelles Congregations, & tant aux anciennes qu'aux nouuelles de pretendre
independance du Chapitre General & des Superieurs Mejeurs,
auec plus de couleur que les *Abstinents*, les esträgers estäs aussi esloignez des Superieurs Majeurs, que les *Abstinents* en sont voisins,

Ces inconueniens des Sentences de M. le C. de la Roche-Foucauld sont de telle qualité, qu'ils doiuent valoir pour raisons, à
cause de l'interest du Roy & de l'Estat, & de l'interest general de
l'Ordre de Cisteaux, qui doiuét preualoir contre celuy de quelques
particuliers *Abstinents*, lequel ne consiste qu'en ce seul poinct,
que leur Obseruance subsiste, surquoy si tous ceux qui en sont,
& ont plus de sincerité & de reconoissance que l'Abbé de Prieres & autres Agents de leur party dans ce trouble de l'Ordre, estoiét
ouys, ils declareroient ingenuëment, que depuis enuiron quarante
années qu'il y a des Abbez & Religieux de l'Ordre qui ont repris
l'Abstinence, ils ont toûjours eu l'affection & protection du Chapitre General & des Superieurs Majeurs, ainsi qu'il appert cy-
dessus, & qu'il est plus expressement remarqué cy-aprés.

Ces deux Sentences, comme insoustenables ont esté abandon-
nées par les *Abstinents*, sans qu'il en aye plus esté mention iusques
en Decembre 1642. depuis qu'en Septembre 1635. elles furent si-
gnifiées, & la premiere executée par l'introduction des *Abstinents*
au College des Bernardins de Paris.

De laquelle l'Abbé de Cisteaux ayant rendu sa plainte au Sainct
Siege, il y a eu le 5. Decembre 1635. vn Bref du Pape Vrbain
VIII. par lequel il a restably les droicts de l'Ordre dans le College, & en tous les Monasteres, de l'Ordre, au mesme estat qu'ils
estoient auparauant ce qui auoit esté fait sous pretexte de Reformation,

D. de la production
desd. VVyart &
Tedenat.
Leurs Contredits
fol. 211.

mation, en quoy il n'est point parlé de M. le C. de la Roche-Foucauld, à cause que le style de Cour de Rome est tel, que les expeditions qui vont à destruire ce qui a esté fait par Messieurs les Cardinaux, ne les nomment point, & ne cottent pas non plus positiuement les actes par eux faits, contre lesquels il est pourueu par le Pape aux parties interessées.

19. Nouembre 1635. feu Monsieur le C. de Richelieu a esté eleu ou postulé Abbé de Cisteaux par les Religieux profez de l'Abbaye qui estoient tous de la Commune Obseruance de l'Ordre, en presence des Abbez de la Ferté Pontigny Clairuaux & Morimond, qui ont applaudy à cette Election par complaisance necessaire, s'ils auoient fait autrement ils n'auroient pas eu le don de la Sagesse qui estoit tres necessaire en telle occasion.

P. de la production des Abstinents. Contredits desd. VVyart & Tedenat fol. 212.

Les *Abstinents* n'ont point reclamé contre cette Election, la Sentence generale de M. le C. de la Roche-Foucauld encores viuant alors estoit recente, par laquelle les *Abstinents* disent que le droict leur auroit esté acquis d'Elire l'Abbé de Cisteaux, & qu'il deuoit estre de leur Obseruance, non seulement ils se sont abstenus de ce pretendu droict par contrauention à la Sentence, mais de plus ils ont continué l'abandonnement d'icelle en tout ce qui les concernoit dans les suites de cette Election.

Pour laquelle l'Abbaye de Cisteaux a esté renduë vacante par la translation de feu Dom Pierre Niuelle à l'Euêché de Luçon, Et en quittant l'Abbaye de Cisteaux il a declaré que c'estoit en faueur de M. le C. de Richelieu, en suite dequoy on peut iuger qu'elle a esté la liberté des Elisants en leurs suffrages.

La personne eleuë n'estant pas Eligible, parce qu'il n'estoit point Religieux ny en disposition de l'estre, l'Election n'a esté en effect qu'vne postulation, l'acte qui en a esté fait le tesmoigne.

Et ainsi de necessité absoluë M. le C. de Richelieu a eu besoin de Bulles du Pape, pour estre Abbé de Cisteaux.

I. Quand il auroit esté Religieux profez eleu, son Election estant agreé par le Roy auroit deu estre confirmée par le Pape.

L. M. N. de la 4. production desd. VVyart & Tedenat.

II. Estant simplement postulé, aucun droict ne luy estoit acquis à l'Abbaye par la postulation, dependant de la simple volonté du Pape de l'admettre ou de la reietter.

III. l'Abbaye de Cisteaux estoit resignée en sa faueur sous le bon plaisir du Pape, selon qu'il appert par l'acte de postulation, laquelle n'a esté faite que pour la forme, & conseruer le droict d'Election appartenant aux Religieux, sur laquelle resignation *in fauorem* l'authorité du Pape estoit essentiellement necessaire,

M

pour purger le vice de la condition qui est en la resignation quand elle est *in fauorem*.

Neantmoins M. le C. de Richelieu n'a point eu de Bulles du Pape pour l'Abbaye de Cisteaux, & partant n'a point esté Abbé de Cisteaux.

La proposition de cette consequence est d'autant plus certaine, qu'elle a esté decidée par le Sainct Siege, & iugée par le Parlement.

Par les Bulles rapportées cy-apres, decernées par le Pape sur contestation instruite des *Abstinents* qui estoient opposans, icelles Bulles confirmatiues de l'Election de M. l'Abbé de Cisteaux qui est maintenant, faite apres le decez de M. le C. de Richelieu, le Pape a declaré que l'Abbaye de Cisteaux estoit vacante par la translation de feu M. Niuelle à l'Euesché de Luçon, & ainsi n'ayant pas vaqué *per obitum* de M. le C. de Richelieu, elle ne luy a point appartenu.

II. Par Arrest contradictoire du Parlement aussi rapporté cy-apres, sur l'appel comme d'abus de l'execution de ces Bulles, interietté par les *Abstinents* & par l'Abbé de Prieres en son nom, ils ont esté declarez non receuables.

Neantmoins feu M. le C. de Richelieu ayant eu du feu Roy le 22. Decembre 1635. des Lettres Patentes approbatiues de son Election, c'est à dire postulation, sans Bulles de confirmation, ou pour mieux dire prouision, qui est necessaire en cas de postulation, il a non seulement possedé l'Abbaye de Cisteaux, mais de plus ordonné tout ce qu'il a voulu dans l'Ordre, ou que les *Abstinents* ont desiré de luy en qualité d'Abbé de Cisteaux, en laquelle il a eu pour Secretaire & Directeur l'Abbé de Prieres Abstinent, Chef du party, & autheur du present trouble de l'Ordre.

Dans lequel tout ce que M. le C. de Richelieu a fait comme Abbé de Cisteaux en faueur des *Abstinents*, a esté non seulement sans aucune mention des Sentences de M. le C. de la Roche-Foucauld, Mais de plus par des voyes & des formes contraires, requises ou acceptées par les *Abstinents*.

29. Ianuier 1636. aussi-tost apres la prise de possession de l'Abbaye de Cisteaux par M. le C. de Richelieu du 15. du mesme mois, il a estably pour son Vicaire General en l'Ordre de Cisteaux feu Dom Charles Boucherat Abbé de Pontigny de la Commune Obseruance.

Le mesme iour il a estably de nouueau & non point par confirmation ou continuation, Dom Estienne Maugier Abstinent Abbé de la Charmoye son Vicaire General sur les Monasteres de l'Abstinence, sur lesquels il auoit ce Vicariat par les deux Sentences de Monsieur le Cardinal de la Roche-Foucauld.

30. Ianuier 1636. il a establi pareillement de noueau, Dom Charles Bourgeois & Dom Thomas Chenu *Abstinents*, l'vn Prouiseur & l'autre Procureur au College des Bernardins de Paris, esquels Offices l'vn & l'autre estoient establis par la premiere Sentence de Monsieur le Cardinal de la Roche-Foucauld, à laquelle il n'a point esté dérogé par la seconde. *E. De la production desd. Vuyart & Tedenat.*

21. Feurier 1636. le feu sieur Abbé de Pontigny en la qualité susdite à fait visite & des Ordonnances d'icelle au College des Bernardins, auquel par les Sentences les Abbez & Religieux de la Commune Obseruance estoient exclus de toutes fonctions de iurisdiction. *Cotte cy-dessus.*

21. Mars 1636. M. le C. de Richelieu en qualité d'Abbé de Cisteaux a permis aux Abstinents de s'assembler, dont ils auoient la faculté independante de l'Abbé de Cisteaux par les deux Sentences. *P. De la production des Abstinens.*

9. Auril & 4. May 1636. Il a fait des Reglements pour le College, qui n'auroient pû estre faits suiuant les Sentences qué par les *Abstinens.* *Cotte cy-dessus.*

30. Iuillet 1637. il a traité par Contract auec les *Abstinents*, pour les introduire dans l'Abbaye de Cisteaux, en laquelle si les Sentences auoient subsisté ils auroient eu droict d'entrer en vertu de la premiere, de laquelle il n'a rien esté changé par la seconde. *Cotte cy-dessus.*

17. Aoust 1637. le susdit Abbé de Pontigny non seulement en vertu de son Vicariat General, mais encores en vertu de commissions speciales de M. le C. de Richelieu en qualité d'Abbé de Cisteaux, à introduit les *Abstinents* en cette Abbaye. *Cotte cy-dessus.*

28. Iuin 1638. M. le C. de Richelieu à reïteré les deffences qu'il auoit fait auparauant de receuoir des Nouices en l'Ordre hors les Nouiciats communs de l'Abstinence, ce qu'il a fait de son Chef en qualité d'Abbé de Cisteaux, sans relation aux Sentences, & sans faire mention d'icelles, ce que les *Abstinents* ont accepté, & ils s'en preualent encores à present par leur production principale. *Cotte cy-dessus.*

28. May 1642. Les *Abstinents* se sont assemblés en l'Abbaye de Prully, non point en execution des Sentences qui leur en donnoient le pouuoir, le procez Verbal n'en fait aucune mention, mais en vertu de permission de M. le C. de Richelieu comme Abbé de Cisteaux, le procez Verbal le dit expressement, & porte que *Cotte cy-dessus.*

l'Abbé de Prieres aussi en vertu de commission de M. le C. de Richelieu en qualité d'Abbé de Cisteaux a presidé en cette Assemblée, en laquelle le feu Abbé de Chastillon Abstinent a esté esleu Vicaire General sur les Monasteres de l'Abstinence.

Laquelle election ou a esté faite en vertu de permission de M. le C. de Richelieu, ou a esté confirmée par luy, selon qu'il paroistroit par le registre des Expeditions faites sous son nom en qualité d'Abbé de Cisteaux par l'Abbé de Prieres son Secretaire, qui le tient secret au lieu de le produire.

D'autant que ce seroit vne ampliation de preuue contre les *Abstinents* de leur desistement des Sentences, parce qu'ils ont accepté & executé ce que M. le C. de Richelieu a fait en leur faueur en qualité d'Abbé de Cisteaux, au lieu d'vser des droicts à eux pretendus acquis par les sentences.

Comme la preuue de ce fait, outre le pieces qui sont produites par les *Abstinents*, est augmentée par la production qu'ils ont pareillement fait du Registre des Expeditions du feu Abbé de la Charmoye Vicaire general de l'Abstinence, lequel il appert par ce Registre auoir agy simplement en vertu du Vicariat qu'il auoit de M. le C. de Richelieu, & nullement en vertu de celuy qu'il auoit par les sentences, desquelles il n'y a vestige quelconque dans ce Registre.

Si les Abbez & Religieux de la Commune Obseruance n'ont pas resisté à tout ce que les *Abstinents* auroient voulu faire sous le nom de M. le C. de Richelieu en qualité d'Abbé de Cisteaux, dont on a empesché la plus grande partie selon qu'il a esté possible, tant par reception de Religieux au Nouiciat & à la profession dans la Commune Obseruance qu'autrement, ç'a esté par souffrance & non par obeïssance.

Ce que les *Abstinents* ont suiuy & executé les Ordres de feu M. le C. de Richelieu, a esté par soûmission volontaire, ils en font eux mesmes des declarations publiques par les Escrits & les imprimez de l'Abbé de Prieres, outre ce qui en paroist par les actes.

Les premiers ont agy par motif de conscience, ne pouuants reconnoistre pour Abbé de Cisteaux vn Prelat seculier, qui n'auoit point de Bulles de prouision sur la postulation.

Les derniers ont agy par motif d'interest, leur estant indifferent par quelles voyes ils arriuent à leurs fins, pourueu qu'ils y puissent paruenir.

Ils disent pour euasion à cette objection, que M. le C. de Richelieu estoit *Eminemmement Regulier, & Abbé de l'estroitte Obseruance* nuance par *Eminence*, cette flatterie auroit esté tollerée dans le compliment d'vn Courtisan, encores les serieux l'auroient raillé en leur interieur, mais ce discours en des Religieux soy disans reformez est vne Metaphysique de l'Abbé de Prieres, laquelle est sujette à reformation.

Il a cy-deuant estudié en Droict, & dit on suiuy le Barreau, & se souuenant de la Loy, *Barbarius Philippus de officio Prætorum*, il pretend qu'encores que M. le C. de Richelieu n'aye pas esté Abbé de Cisteaux, ayant passé pour tel dans le public, ce qu'il a fait en cette qualité doit subsister.

Il y a deux raisons qui font obstacle à l'application de cette Loy au fait dont est question.

I. L'vn des motifs d'auoir estably par cette Loy, que l'erreur commun d'vn faict ignoré, donne lieu à faire exception de la rigueur de droict, est que non seulement l'ignorance de faict est toûjours excusée, & principalement sur vn faict secret & caché, Mais de plus la bonne foy de ceux qui auroient esté trompez par la dissimulation d'vn faict occulte, est cause que par humanité ou benignité, ce sont les mots du texte & de la glose de cette Loy, on tolere que des actes qui sont effectiuement nuls demeurent pour vallables.

Au fait particulier si on agissoit par exemple contre des Fermiers de l'Abbaye de Cisteaux, pour leur faire restituer les fruicts qu'ils ont receu du temporel d'icelle en vertu de baux à ferme de M. le C. de Richelieu, que ces Fermiers n'ont point sçeu n'estre pas Abbé de Cisteaux, & dont ils ont pû ne point douter, parce que *Sic agebat sic contrahebat*, en ce cas la Loy *Barbarius Philippus* seroit vne legitime defense pour eux.

Mais que les Abstinents ayent pû ignorer que M. le C. de Richelieu ayant esté postulé pour l'Abbaye de Cisteaux auoit besoin de Bulles, ce qui auroit esté vne ignorance de droict qui n'est point excusable, & qu'ils ayent ignoré en France qu'il n'auoit point de Bulles, ce qui estoit tellement notoire dans l'Ordre, que tous les Abbez & Religieux estrangers, és pays auec lesquels la France n'estoit point en guerre, ne l'ont jamais voulu reconoistre pour Abbé de Cisteaux, à cause de ce manquement de Bulles, c'est vne ignorance d'vn faict domestique & familier dans l'Ordre, laquelle ne peut estre alleguée sans mauuaise foy par les Abstinents.

II. L'autre motif de la Loy est, que *potuit populus Romanus seruo decernere hanc potestatem, sed etsi sçisset seruum esse, liberum effecisset*, ce qui n'est point au faict dont il s'agit, il n'estoit pas au pou-

N

uoir des *Abstinents* de rendre M. le C. de Richelieu Abbé de Cisteaux sans Bulles, ny non plus de luy faire auoir des Bulles au cas qu'ils eussent sçeu (sans aduoüer qu'ils l'ayent ignoré) qu'il n'auoit point de Bulles.

Et ainsi les circonstances du fait de la contestation d'entre les parties estans absolument differentes de l'espece de la Loy, la decision d'icelle ne peut estre vne response solide pour les *Abstinents* sur l'objection qui leur est faite, que tout ce qui a esté fait en l'Ordre de Cisteaux sous le nom & par l'authorité de M. le C. de Richelieu en qualité d'Abbé de Cisteaux est nul & abusif, pour estre emané *à non habente potestatem*.

Les Iurisconsultes & les Canonistes sont contraires à la facilité auec laquelle sous prerexte de cette Loy on voudroit faire preualoir les fictions contre la verité, principalement en ce qui est des choses spirituelles, & s'il y auoit lieu selon le sentiment de quelques-vns de laisser passer pour droict certain l'erreur commun, ce ne pourroit estre pour vn faict de l'importance & de l'estenduë de celuy dont est question, auquel s'agissant de changement en l'estat de l'Ordre de Cisteaux, ce qu'vn vray & Canonique Abbé de Cisteaux n'auroit pû faire, il y auroit moins de Iustice à pretendre qu'vn Abbé presumé l'aye pû, & cette pretension ne peut estre receuable de la part des *Abstinents*, ausquels il a esté certainement notoire que feu M. le C. de Richelieu n'auoit point de Bulles.

Cette notorieté à leur esgard est d'autant plus constante, qu'ils ont recherché vne autre deffaite sur ce poinct, que par Bulle du

E. De la production des Abstinents.

Pape Clement IV. du 9. Iuin 1265. il y a priuilege pour l'Ordre de Cisteaux, que l'Abbé de Cisteaux apres son election Canonique à la charge des ames, & le pouuoir de l'administration, &

Contredits desdits Vuyart & Tedenat.

est reputé confirmé par le Sainct Siege, ce qui est tellement contraire à l'vsage & à la police de l'Ordre, que non seulement les *Abstinents* n'en rappottent aucun exemple, mais de plus il est certain en l'Ordre que les elections des Abbez de Cisteaux ont esté de temps immemorial confirmées par le Sainct Siege, on en rap-

M. de la quatriéme production desdits Vuyart & Tedenat.

porte des Bulles de la part du Chapitre General, & quand cét vsage cesseroit, qui est le vray Interprete du tiltre, & fait voir que ce priuilege ou n'a point esté accepté ou a esté reuoqué, il n'auroit pû auoir effect qu'au cas des elections & non pas des postulations, la Bulle qui est vn priuilege & est de droict estroit, n'estant qu'au premier cas en faueur de l'Obseruance reguliere, pour laquelle il seroit vtile que la fonction d'vn Superieur Maieur eleu pour le gouuernement des Religieux qui sont sous sa Iurisdiction ne fust pas differée, mais en ce qui est d'vne postulation d'vne personne qui ne peut estre eleuë, les Bulles n'estans pas de confirmation mais de prouision, parce que la postulation n'acquiert point de droict present comme l'Election, le priuilege octroyé pour vn Abbé eleu Religieux profez de l'Ordre, qui a esté l'objet du Pape Clement IV. en l'intention qu'il a eu de faire pour le bien de l'Ordre, ne peut estre estendu à vn Ecclesiastique seculier postulé pour Abbé, lequel sans dispense speciale du Sainct Siege ne pourroit exercer Iurisdiction en l'Ordre de Cisteaux, mesmes du consentement des Religieux, n'estant pas en leur faculté de se sousmettre à l'authorité spirituelle de qui que ce soit autrement que selon la police de l'Ordre, lequel à vn interest sensible pour sa conseruation, de resister autant qu'il pourra par les voyes de droict, à ce paradoxe dangereux, qu'vn Ecclesiastique seculier postulé pour Abbé de Cisteaux aye Iurisdiction dans l'Ordre sans Bulles du Pape.

Surquoy c'est vne nouueauté captieuse, de dire par l'Abbé de Prieres, qui n'est point suspect d'ignorance, mais qui n'est pas exempt du soupçon de mauuaise foy, que Messieurs les Cardinaux & Euesques soient de condition reguliere, il est vray qu'on peut dire de leurs mœurs comme de toutes personnes qui font leur deuoir en leur Estat qu'ils sont reguliers, mais quand il s'agist de discerner quels ils sont sur la question *de statu hominum*, ils sont Ecclesiastiques seculiers, pour les distinguer des Ecclesiastiques reguliers, & leur dignité estant en degré plus esleué dans l'Estat Ecclesiastique que celuy des Prelats reguliers, il y a dautant moins d'apparence dans ce cas de dire que celuy qui a le plus aye le moins, que pour la promotion d'vn Prelat Regulier à vne Prelature seculiere il faut vne dispense des vœux par le Sainct Siege, & vn Prelat seculier pour s'humilier en la profession Religieuse à besoin de la permission du Pape, & par ce changement d'Estat il rend sa Prelature seculiere vacante, ce qui arriue mesmes pour les benefices seculiers simples, ils vacquent par la profession reguliere des Titulaires d'iceux, ce qui monstre que l'estat reguliere ne peut estre implicitement auec l'estat seculier, en quelque eminent degré que ce soit entre les Ecclesiastiques, & ce qui a esté dit au contraire est vne adulation de quelques Canonistes interessez, qui sont venus dans les temps esloignez de la pureté du droict.

Apres le decez de feu M. le C. de Richelieu du 4. Decembre 1642. les *Abstinents*, lesquels par la protection de son Eminence s'eftoient rendus recommandables au Confeil du Roy, qui ne les cognoiffoit que fuperficiellement, fe font aduifez d'y auoir recours pour faire reuiure les Sentences de M. le C. de la Roche-Foucauld, & à cette fin ils ont obtenu fur requeftes au Confeil deux Arrefts les 13. & 20. Decembre 1642. portans que les Sentences feront executées, ces Arrefts afin que l'election qui eftoit à faire d'vn Abbé de Cifteaux, fuft par les *Abftinents* & pour l'vn d'eux conformement aux Sentences.

Q. De la produ-
Ction des Abftinens.

Entre les deux Arrefts les Religieux de la Commune Obferuance profez de l'Abbaye de Cifteaux, efloignez d'icelle & difperfez fous l'authorité de feu M. le C. de Richelieu, s'y font reintegrez, & ont appellé au Sainct Siege de tout ce qui auoit efté fait par Meffieurs les Cardinaux de la Roche-Foucauld, & de Richelieu, & ont procedé à vne Election d'Abbé le 2. Ianuier 1643.

Contredits defdits
Vvyart & Tedenat.
fol. 222.

Les *Abftinents* ont eu auffi fur Requefte vn troifiéme Arreft au Confeil le 21. Ianuier 1643. par lequel fans auoir égard à tout ce qui auoit efté fait en l'Abbaye de Cifteaux par les Religieux de la Commune Obferuance, il a efté ordonné qu'auant proceder à l'election d'vn Abbé de Cifteaux, le Procureur general de l'Ordre en Cour de Rome obtiendroit vn refcript delegatoire de Iuges en France, pour decider les appellations fufdites, & cependant (ce qui doibt eftre entendu fans prejudice des droicts des parties comme en tous Arrefts interlocutoires) il y auroit reftabliffement de toutes chofes en l'Abbaye de Cifteaux au mefme eftat qu'auparauant le mois de Decembre 1642.

Cotte cy-deffus.

Par Bref du Pape du 19. Septembre 1643. deffunts Meffieurs l'Archeuefque de Sens & l'Euefque d'Vfez & Monfieur l'Euefque d'Auxerre ont efté deleguez par le Saint Siege pour le Iugement des appellations.

F. De la produ-
ction defd. Vvyart
& Tedenat.

Pardeuant lefquels il y a eu inftruction contradictoire du procez, entre les Religieux Profez de la Commune Obferuance en l'Abbaye de Cifteaux appellans, Les *Abftinents* introduits en la mefme abbaye ou receus depuis à l'habit & à la profeffion en icelle intimez, les Abbez de la Ferté de Clairuaux & Morimond tant pour eux que pour les autres Abbez & Religieux de la Commune Obferuance de l'Ordre en France, les Abbayes de Cifteaux & de Pontigny eftants alors vaccantes, les Abbez & Religieux de l'Ordre és pays Eftrangers, les Abbez & Religieux des Monafteres de l'Abftinence & le Prouifeur du College des Bernardins pareillement *Abftinent*, Interuenants.

Le

LIII.

F. de la production desd. VVyart & Tedenat.

Sur ce procez, Messieurs les Prelats Deleguez ont rendu Sentence le 13. Iuin 1644.

Le dispositif de laquelle contenant XXIII. articles, n'est pas en la forme qu'il auroit deub estre selon l'exacte procedure judiciaire, d'autant qu'estant vn iugement d'appellations, l'Ordre de la Iustice estoit d'infirmer formellement (ce qui a esté faict en autre maniere) les sentimens de M. le C. de la Roche-Foucauld, & les actes de M. le C. de Richelieu, qualifiez Reglemens en cette sentence renduë sur les appellations.

Au lieu dequoy lesdits sieurs deleguez ont jugé comme ils ont aduisé toutes les contestations, sans parler d'appellations dans le dispositif de leur Sentence, sinon que par le dernier chef en consequence de ce qui a esté ordonné par les precedents il a esté dict, que sur toutes les autres appellations des parties elles estoient mises hors de Cour & de procez.

D'où il ne s'ensuit pas que les Sentences & Reglemens dont estoit appel ayent esté confirmez, ainsi que captieusement les *Abstinents* voudroient faire croire, mais au contraire cette forme de prononcer, de laquelle lesdits sieurs Deleguez ont vsé par circonspection, iugeants des appellations de deux Cardinaux, est vn nouueau Iugement, par lequel comme s'il n'y en auoit point eu, Les derniers Iuges ont aboly ce que les premiers ont fait, & ont jugé eux-mesmes comme ils ont estimé que les autres auroient deub juger, & pour monstrer que par ce moyen ils ont mis au neant les appellations auec ce dont estoit appel, ils ont finy leur Sentence par vn hors de Cour & de procez sur ce qui sembleroit rester du different.

Des XXIII. articles de cette Sentence, l'exposer succinctement, la reduction peut estre faite à huit articles.

Dispositif F. de la Sentence du 13. Iuin 1644.

I. Il est dit que la Sentence que les *Abstinents* appellent generale de M. le C. de la Roche-Foucauld demeureroit confirmée és chefs esquels elle se trouuoit executée seulement, sçauoir au College des Bernardins de Paris, partant il est manifeste qu'au surplus elle est infirmée, comme pareillement la Sentence particuliere, laquelle n'est que l'execution prouisoire de la precedente, ce qui paroist d'abondant par ces mots qui commencent le second article de la Sentence desdits sieurs Deleguez, *Et pour regler & terminer le surplus des procez & differents qui sont entre les parties*, Et encores par cette sentence desdits sieurs Deleguez, la susdite Sentence generale n'est pas confirmée purement & simplement en ce qu'elle est executée, mais auec cette clause, *sous les conditions neantmoins cy-aprés apposees à l'égard de l'abstinence*, par le moyen de

O

quoy ce n'eſtoit que par prouiſion, ainſi qu'il paroiſt cy-aprés.

Ces Chapitres Geneʳaux ſont ſous la cotte L. de la production des Abſtinents.

II. Que l'entiere Obſeruance de la Regle ainſi qu'elle eſt preſcripte és Chapitres generaux de 1618. 1623. & 1628. ſeroit exactement gardée és Nouiciats & Seminaires, qu'il eſt ordonné par cette Sentence que l'Abbé de Ciſteaux qui ſeroit eleu, eſtabliroit exerçant l'authorité du Chapitre general, & en la ſuite de cette Sentence, quand il eſt parlé d'eſtroite Obſeruance, c'eſt de celle de ces Chapitres generaux, ainſi qu'il appert aſſez, en ce que d'vne part en vn autre article il a eſté vſé de ces termes, *l'Obſeruance exacte de la Regle preſcripte par les ſuſdits Chapitres generaux*, Et en vn autre, *La ſuſdite eſtroite Obſeruance de la Regle preſcripte des Chapitres generaux cy-deſſus alleguez*, par leſquels la Diſpenſe de l'Abſtinence eſt authoriſée dans l'Ordre, & d'autre part en cette Sentence quand il eſt parlé *de l'Abſtinence de chair*, elle eſt deſignée par ces meſmes mots en neuf endroits de cette Sentence, & ceux qui l'obſeruent ſont appellez *Abſtinents*, de ſorte que c'eſt auec tiltre & raiſon que par ce diſcours on vſe de la meſme qualité pour les diſtinguer du ſurplus de l'Ordre, & dans la ſuite de cette Sentence l'Abſtinence n'eſt appellée eſtroite Obſeruance que dans les derniers articles, concernants ſpecialement l'eſtat auquel eſtoit alors l'Abbaye de Ciſteaux, & l'election qui eſtoit à faire d'vn Abbé en icelle.

III. *Sur le poinct de l'Abſtinence de chair, dont l'Ordre en la plus grande partie pretend auoir diſpenſe des Saints Peres par Bulles expreſſes, ayant aucunement égard aucunement égard aux requeſtes des interuenans, ordonné que le R. Abbé de Ciſteaux qui ſeroit eleu, & le Procureur general dudit Ordre, ou à leur deffaut tels des Peres dudit Ordre qui voudroient, Procureroient dans ſix mois auprés de N. S. P. le Pape vne Bulle deffinitiue, pour regler ledit article de l'Abſtinence de Chair, ainſi que Sa Sainteté iugeroit le meilleur & le plus à propos, pour maintenir la pieté la paix & l'vniformité dans l'Ordre.*

C'eſt le texte de la Sentence, ſur laquelle c'eſt ſans raiſon que les *Abſtinents* pretendent que leſdits ſieurs Deleguez ayent douté qu'il y euſt diſpenſe ſuffiſante dans l'Ordre, & à cauſe de ce ayent renuoyé au Pape pour en decider, ce n'a pas eſté leur intention, mais de laiſſer au iugement du Pape, ſi pour l'vniformité dans l'Ordre, laquelle y eſt eſſentielle ſelon le tiltre Primordial d'iceluy qui eſt la Carte de Charité: L'Abſtinence ceſſeroit en l'Ordre où la diſpenſe, ce qui paroiſt euidemment par la ſuite immediate du texte de la Sentence en deux clauſes, La premiere eſt, *Et iuſques à ce que ſa Sainteté aye declaré ſa volonté ſur ce point, par prouiſion l'Abſtinence de viande ſera gardée tant eſdits No-*

uiciats & Seminaires, qu'en toutes les maisons où elle se trouue presentement establie, & où on la pourroit demander & establir par cy-apres iusques à ce que le Saint Pere aye decidé & ordonné sur ladite Abstinence. Ce n'est que par prouision, afin que si le Pape ordonnoit que l'Abstinence seroit obseruée par tout l'Ordre, ou que ceux qui l'auroient commencé la pourroient continuer, ils y fussent habituez, s'il ordonnoit l'vsage de la dispense par tout l'Ordre, Il n'auroit pas esté difficile aux *Abstinents* de changer. La seconde clause est, *Et cependant les Nouiciats communs ia establis, où ladite Abstinence de chair n'est pas gardée, surseoiront de receuoir des Nouelles & professions.* Ce n'est pas vne defense, comme par la Sentence generale de M. le C. de la Roche-Foucauld, ce qui estoit pour abolir la Commune Obseruance, Mais c'est icy vne simple surseance, pour la conseruer au cas que la dispence de l'Abstinence fust authorisée, comme depuis elle l'a esté par le Saint Siege. Et par cette clause il appert, que nonobstant la Sentence de M. le C. de la Roche-Foucauld, & les Ordonnances de M. le C. de Richelieu, il y a incessamment eu des Nouiciats de la Commune Obseruance dans l'Ordre.

IV. Il est ordonné qu'en visitant les Monasteres de l'Ordre, sera establie en iceux autant que faire ce pourra, *L'Obseruance exacte de la Regle prescripte par les susdits Chapitres generaux, à la reserue de la susdite Abstinence, iusques à ce que sa Sainteté en aye ordonné,* A laquelle Obseruance on ne reuoque pas en doute que tout l'Ordre ne soit obligé, & c'est celle des *Abstinents* hors l'Abstinence.

V. *Que les Superieurs immediats & autres ne pourront rien innouer és maisons de l'Abstinence, que le Pape n'aye ordonné & declaré sa volonté sur le fait de ladite Abstinence, & ne pourront donner autres visiteurs & Superieurs ausdits Abstinents que de ceux qui viuront en ladite Abstinence.* Par ce moyen les Superieurs immediats sont restablis en la iurisdiction de laquelle ils estoient priuez par les Sentences dont estoit appel, celle-cy ne surseoit que l'innouation iusques aprés la Declaration du Pape sur le fait de l'Abstinence, les fonctions de Superiorité au surplus demeurans en leur entier, comme d'instituer des Prieurs és Abbayes qui sont en commande, commettre à la visite d'icelles, & des autres qui sont en Regle, y deputer & enuoyer des Commissaires pour autres actes de iurisdiction, & generalement faire à l'égard des Abbayes de l'Abstinence, comme à l'égard de celles de la Commune Obseruance, excepté seulement ce qui concerne le fait de l'Abstinence; & ce qui est adiousté par ce mesme article, que les Visiteurs & Superieurs subalternes, qui sont donnez aux *Abstinents*, par les Superieurs Majeurs seront

Par la cotte P. de la 2 production desd. VVyart & Tedenat Il est iustifié que l'Institution de Prieurs és Abbayes en Commende appartient aux Superieurs Maieurs.

pareillement *Abstinens*, n'est qu'vne confirmation de l'vsage estably dans l'ordre par les Superieurs Maieurs.

VI. Le mesme article porte cette clause, *Ne pourront aussi lesdits Abstinents faire aucun corps & congregation separée, mais demeureront vnis à l'Ordre sous la Iurisdiction ordinaire d'iceluy*, par le moyen dequoy la Sentence particuliere de M. le C. de la Roche-Foucauld est formellement infirmée.

VII. Il est ordonné que *le R. Abbé de Cisteaux eleu*, c'est à dire qui seroit eleu, *& les quatre premiers Peres Abbez ioüissants de leur pleine authorité* (c'est vne declaration que par cette Sentence ils y sont restablis contre les Sentences de M. le C. de la Roche-Foucauld) *Seront tenus d'obseruer & faire obseruer les presentes ordonnances, & toutesfois ne pourront desormais nommer ny establir aucuns Vicaires Generaux ny Prouinciaux ny Visiteurs qui ne soient personnes qui ayent vescu depuis trois ans dans la susdite estroite Obseruance de la Regle prescripte des Chapitres generaux cy-dessus alleguez, & dans des maisons où elle soit establie*, ce qui monstre d'abondant le restablisement de la iurisdiction des Superieurs Maieurs, & que lesd. sieurs Prelats deleguez ont iugé qu'il n'y a point d'obligation à l'Abstinence dans l'Ordre, *Et mesmes en cas que les quatre premieres Abbayes filles de Cisteaux viennent à vacquer par mort deposition resignation ou autrement en quelque maniere que ce soit, ne pourront estre esleus pour Abbez en icelles que ceux qui auront les mesmes conditions*, ce qui iuge contre les Sentences de M. le C. de la Roche-Foucauld, que c'est assez pour les quatre premiers Peres de l'Ordre, & par consequent pour les Abbez inferieurs, d'estre de l'estroite Obseruance des susdits Chapitres generaux, qui est la Commune Obseruance de l'Ordre, & qu'il n'est point necessaire d'estre de l'Abstinence.

VIII. Par les derniers articles de cette Sentence, concernans l'election qui estoit à faire d'vn Abbé à Cisteaux, & l'estat alors presenr de cette Abbaye, occupée par les *Abstinents*, & de laquelle les Profez de la Commune Obseruance s'estoient retirez suiuant l'Arrest susdit du Conseil du 21. Ianuier 1643. en attendant que leurs appellations fussent iugées, il a esté ordonné

I. Qu'il ne seroit rien innoüé en l'Obseruance qui se gardoit alors en l'Abbaye de Cisteaux, si ce n'estoit de l'authorité du Pape, ny mesmes changé aucun Officier tant que le Siege Abbatial vaqueroit.

II. Que l'election d'Abbé seroit faite par tous les Religieux Profez de cette Abbaye, tant de la Commune Obseruance que de l'Abstinence, qui se trouueroient presents, à condition toutesfois

fois de nommer pour Abbé de Cisteaux vn Abstinent.

III. Que apres l'election faite lesd. Anciens Religieux de Cisteaux de la Commune Observance la transferez dud. lieu s'en retourneront à leurs charges & places, si ce n'est que le R. Abbé de Cisteaux qui sera eleu en dispose autrement.

La Conference de ces derniers articles de la Sentence auec les precedents, ausquels ils ne sont pas conformes pour ce qui est de la qualité de l'Abbé lors à elire de Cisteaux, fait presumer que lesd. sieurs Prelats deleguez ont bien voulu que les *Abstinents* ayent eu cette diuersité dans la Sentence, que l'Abbé à elire de Cisteaux seroit *Abstinent*, & les quatre premiers Peres de la Commune Observance, sur ce que lesd. sieurs deleguez ont estimé que la declaration du Pape sur le fait de l'Abstinence suruenant auparauant l'election d'Abbé de Cisteaux, tous les Religieux de l'Ordre tant de l'vne que de l'autre Observance seroient egalement eligibles en cette election, ce qui est arriué, mais par vne autre voye rapportée cy-apres.

Par l'exposition cy-dessus expliquée de cette Sentence il demeure pour constant, que celles de M. le C. de la Roche-Foucauld & les Ordonnances de M. le C. de Richelieu dont estoit appel ont esté infirmées, & l'Ordre maintenu en l'estat auquel il estoit, contre l'entreprise des *Abstinents* de le changer par le moyen des Sentences & Ordonnances infirmées.

Ce que les *Abstinents* ont tellement recognu, qu'ils se sont pourueus contre la Sentence de Messieurs les deleguez au Conseil priué du Roy & depuis au Parlement par appel comme d'abus, apres auoir suby l'execution de cette Sentence.

Sur laquelle pour cognoistre auec combien de raison elle doit preualoir contre ce qui a esté fait & ordonné par Messieurs les Cardinaux de la Roche-Foucauld & de Richelieu, cette reflexion est à faire, que les Sentences & Ordonnances de ces deux Prelats, l'vn comme Commissaire du Sainct Siege, & l'autre prenant qualité d'Abbé de Cisteaux, ont esté renduës à l'instigation des *Abstinents* sans contradiction ny cognoissance de cause, & la Sentence de Messieurs les Prelats deleguez du Sainct Siege est le iugement contradictoire d'vn procez instruit entre tous les Abbez & Religieux de l'Ordre, mesmes auec les Estrangers.

Auquel procez tous les tiltres de l'Ordre ont esté produits & contredits, & dans les contestations les parties n'ont rien omis de ce qui pouuoit estre vtile à leurs fins.

Il y a vne obseruation importante au dispositif de cette Senten-

P

ce, que leſd. ſieurs deleguez ont iugé, que de Meſſieurs les Cardinaux deſquels eſtoit appel, l'vn auoit excedé ſa Commiſſion, & l'autre auoit entrepris ce qui n'auroit pas eſté en ſon pouuoir s'il eut eſté Abbé de Ciſteaux, de changer l'eſtat de l'Ordre, en y rendant neceſſaire pour les Abbez & Religieux aduenir l'Abſtinence qui eſtoit volontaire, c'eſt à dire qui n'eſtoit point eſſentielle en la profeſſion de l'Ordre, & à laquelle les Abbez & Religieux qui eſtoient alors des ſuſd. Sentences & Ordonnances n'ont point eſté obligez par icelles.

Leſd. ſieurs deleguez eſtans Iuges d'appellations, auroient pu en emendant prononcer definitiuement ſur la queſtion de l'Abſtinence, mais ils ont iudicieuſement & reſpectueuſement eſtimé, que la deciſion en deuoit eſtre referée au Sainct Siege, d'où eſtoient prouenuës l'Approbation de la Regle de Sainct Benoiſt qui eſt l'origine de l'Abſtinence, & les Bulles cy deſſus rapportées par leſquelles la diſpenſe en a eſté octroyée à l'Ordre de Ciſteaux.

Apres leſquelles les *Abſtinents* ont tellement preueu que leur pretenſion de changer l'eſtat de l'Ordre par leur ſuppoſée neceſſité de l'Abſtinence pour ſatisfaire à la Regle eſtoit temeraire, qu'ils n'ont fait aucune diligence pour auoir la deciſion du Sainct Siege, quoy que la pourſuite d'icelle fut permiſe par la Sentence deſd. ſieurs deleguez à tous ceux de l'Ordre qui auroient voulu en prendre le ſoing.

Mais les *Abſtinents* ont encores eſté retenus de faire cette auance, parce que ç'auroit eſté vne approbation qu'ils auroient fait de cette Sentence, laquelle ils ont approuué en autres manieres cy-apres remarquées.

Neantmoins par variation & inconſtance, de laquelle le reproche leur eſt indifferent, pourueu qu'ils inuentent des voyes pour inquieter l'Ordre, nonobſtant qu'ils ſoient appellants comme d'abus de cette Sentence au preſent procez, ils ont voulu la faire paſſer auec celles de M. le C. de la Roche-Foucauld pour vn reglement de reformation Apoſtolique à leur auantage, quoy que tout ce qui eſt pour eux en cette Sentence bien examiné ne ſoit que prouiſoire, en attendant la declaration du Pape, ſelon laquelle on viuroit en l'Ordre touchant l'Abſtinence ou la diſpenſe.

Ce qui a obligé le Chapitre General, en appellant comme d'abus des Sentences de M. le C. de la Roche Foucauld d'interjetter auſſi au preſent procez, pareil appel (qui n'a eſté qu'en tant que beſoin ſeroit) de la Sentence deſd. ſieurs deleguez, en ce qui eſt des articles d'icelle qui ſont au profit des *Abſtinents*, qui ſont cottez en l'Inuentaire de Production deſd. Wyart & Tedenat és feüillets 71. 72. 73. 74. ſur quoy les moyens d'abus ſont deduits & iuſtifiez par les feüillets 290. & ſuiuans iuſques au 302. de l'Inuentaire de la quatrieſme production deſd. Wyart & Tedenat, & pour tous moyens ſur cét appel ſeroient ſuffiſans ceux qui ont eſté alleguez cy-deſſus contre les Sentences de M. le C. de la Roche-Foucauld, auſquelles celle deſd. ſieurs deleguez eſt relatiue, en ce qui a eſté prononcé par icelle pour les *Abſtinents*.

De cette Sentence de Meſſieurs les Prelats Deleguez, en ce qu'elle eſtoit contraire à la Commune Obſeruance de l'Ordre, il y a eu appel ſimple au Saint Siege par les Abbez de la Ferté Clairuaux & Morimond, tant pour eux que pour les Abbez & Religieux de leurs filiations.

L'aĉte de cét appel eſt du 23. Iuin 1644 ſoubs la cotte R. de la production des *Abſtinents.*

Les Religieux de l'Abbaye de Ciſteaux de la Commune Obſeruance ont appellé comme d'abus de la Sentence au Parlement, auſſi en ce qu'elle eſtoit contraire à leurs droits & à la Commune Obſeruance de l'Ordre.

22. Iuin 1644. ſous la cotte cy-deſſus.

30. Iuin 1644. les *Abſtinents* ont preſenté requeſte au Conſeil, & expoſé par icelle ne pouuoir proceder ſur les meſmes differents au Saint Siege & au Parlement, comme ſi vn appel ſimple, duquel le iugement doibt eſtre ſurſis iuſques à ce que l'appel comme d'abus ſoit iugé, pouuoit faire auec l'appel comme d'abus vn conflit de iuriſdiĉtion, encore moins entre diuerſes parties, ils ont adiouſté que le Parlement eſtoit irrité du manquement d'homologation des Brefs & Lettres Patentes cy-deſſus rapportées de la Commiſſion de M. le C. de la Roche-Foucauld, & auoit contre luy rendu des Arreſts, & ſous ces pretextes les *Abſtinents* ont obtenu Arreſt au Conſeil, que les parties y ſeroient aſſignées pour leurs eſtre pourueu, Commiſſaires deputez pour entendre leurs conteſtations, cependant deffenſes de proceder ailleurs.

E. De la production deſd. VVyart & Tedenat ſur les appellations des *Abſtinents.*

Les Religieux de Ciſteaux n'ont pas laiſſé de continuer leurs pourſuites au Parlement, & pour en arreſter le cours, par aĉte du 2. Ianuier 1645. ſigné de l'Abbé de Prieres, & ſignifié aux Religieux de Ciſteaux, les *Abſtinents* ont reuoqué le Procureur qu'ils auoient conſtitué auant que ſe pouruoir au Conſeil.

R. De la production des *Abſtinents.*

Ce qui a obligé les Religieux de Ciſteaux, dans le deſir & la neceſſité d'auoir un Abbé, y ayant plus de deux ans que M. le C. de Richelieu eſtoit decedé, de changer leur procedure pour acceler le Iugement de l'affaire, & par aĉte du 23. Mars 1645. Ils ont porté leur appel comme d'abus au Conſeil où ils eſtoient attirez par les *Abſtinents*, & à cét effeĉt ſe ſont deſiſtez de leur appel com-

C. de la troiſieſme production deſd. VVyart & Tedenat.

R. De la production des *Abſtinents.*

me d'abus pendaut au Parlement, ce qui a esté faict par des Religieux particuliers enuoyez par les autres pour proceder au Parlement ; Et ce changement a esté seulement pour le chef de la Sentence de Messieurs les Deleguez qui excluoit tous les Religieux de la Commune Obseruance de l'Ordre de la voix passiue en l'election d'Abbé de Cisteaux.

Ces remarques de procedure font voir la mauuaise foy des *Abstinents*, en ce qu'ils denient auoir introduit cette affaire au Conseil, & en ce qu'ils pretendent que les particuliers Religieux de Cisteaux au nom de tous ayans fait vn desistement de l'appel comme d'abus qui estoit releué au Parlement ils n'ayent pû le reiterer au Conseil, comme si des particuliers pouuoient preiudicier à vne Communauté, encore moins à tout vn Ordre, & si vn abus pouuoit estre couuert par vn desistement, & si l'Eglise toûjours mineure laquelle peut reuenir contre des Arrests contradictoires quand ses deffenses ont esté omises, pouuoit descheoir d'vn droict sans que sa cause aye esté deffenduë, & au fait dont il s'agit le desistement ayant est fait afin de passer en vne autre iurisdiction, en laquelle on estoit poursuiuy par les *Abstinents*, leur obiection de ce desistement est purement illusoire.

5. Avril 1645. Arrest contradictoire au Conseil d'Estat, le Roy y seant, contenant cinq chefs.

I. La Sentence de Messieurs les Deleguez declarée abusiue en ce qu'elle portoit exclusion de la voix passiue contre les Religieux de la Commune Obseruance, ordonné que les Religieux de Cisteaux de la mesme Obseruance auroient non seulement voix actiue en l'election, mais de plus voix passiue auec tous les autres Religieux de l'Ordre, & qu'auparauant l'election il y auroit ratification par la communauté des Religieux de Cisteaux de la Commune Obseruance, du susdit desistement & renouuellement d'appel comme d'abus que les particuliers auoient fait, ce que les *Abstinents* ont procuré estre inseré en l'Arrest pour empescher les Religieux de Cisteaux de la Commune Obseruance de se pouruoir à l'aduenir à l'encontre, en ce faisant l'Arrest à iugé que l'apel cóme d'abus duquel on s'estoit desisté pouuoit estre reïteré.

II. Il est dit qu'en *ce qui concernoit les Nouiciats, les parties se retireroient vers Sa Sainteté, pour leurs estre pourueu d'vn bon Reglement, ensemble sur l'Ordre qui deuoit estre obserué en la maison de Cisteaux, & cependant iusques à ce qu'autrement en eust esté ordonné par Sa Sainteté, il ne seroit receu aucun Nouice que dans lès maisons de la reforme* (c'est à dire de l'Abstinence) *destinées pour les Nouiciats,* ce qui a plenement abrogé & aboly tout ce que les Sentences de M. le C.

de

de la Roche-Foucauld les Ordonnances de M. le C. de Richelieu
& la Sentence de M. les Prelats Deleguez auoient ordonné au profit des *Abstinents*, soit pour les Nouiciats, ou pour la Mense conuentuelle de l'Abbaye de Cisteaux, le tout estant remis au Iugement du Pape par cét Arrest.

III. Que les Religieux de Cisteaux de la Commune Obseruance seroient restablis en cette Abbaye, pour y viure conjoin-
ctement auec les *Abstinents*, suiuant la Regle & les statuts de la reforme, excepté l'Abstinence (ce qui est suiuant la Commune
Obseruance, qui n'est point autre que celle des *Abstinents* quand
l'Abstinence en est exceptée) l'Arrest excepte encore l'vsage de
linge duquel il n'y a point d'exception par les Chapitres generaux pour la Commune Obseruance ; & ce chef de l'Arrest est
*Iusques à ce qu'autrement par Sa Sainteté il eut esté pourueu d'vn bon
Reglement pour la maison de Cisteaux*, ce qui est encores vne abro-
gation de ce que Messieurs les Deleguez auoient ordonné par leur
Sentence, touchant l'estat de l'Abbaye de Cisteaux en attendant
la declatation du Pape.

IV. Il est dit que, *Au surplus lad. Sentence du 13. Iuin 1644.
(qui est celle de Messieurs les deleguez) seroit executée selon sa
forme & teneur, mesmes pour le Vicaire general en toutes les maisons
ausquelles la reforme (c'est à dire l'Abstinence) auroit esté establie,
sans qu'il y peust estre rien innoüé*, En quoy d'vne part il est euident
que tout ce qui a esté ordonné par la Sentence de Messieurs les Deleguez contre les Abstinents, qui se plaignent d'icelle par leur appel comme d'abus en la Cour, posterieur de plusieurs années à cét
Arrest, a esté contradictoirement auec eux confirmé par ce mesme Arrest, contre lequel les *Abstinents* s'estans pourueus au Conseil en l'année 1651. selon qu'il est remarqué cy-aprés en son lieu,
ils en ont abandonné la poursuite, & ainsi cét Arrest subsistant, ils
ne sont nullement receuables en leur appel comme d'abus des articles de cette Sentence desquels le Roy seant en son Conseil a ordonné l'execution ; Et d'autre part le Vicaire general sur les Monasteres de l'Abstinence maintenu par cét Arrest ayant esté establY par
feu M. le C. de Richelieu en qualité d'Abbé de Cisteaux, & non
par election des *Abstinents* c'est vne derogation a ce qui estoit porté
par les Sentences de M. le C. de la Roche-Foucaud.

V. Par le dernier chef de l'Arrest il y a deffenses de troubler
les *Abstinents* és establissemens par eux faits, qui ont esté par le
mesme Arrest en tant que besoin seroit approuuez, pour estre executez, ce qui doit estre entendu auec relation & conformité à la

Q

Sentence de M. les Deleguez, & à ce qui precede dans ce mesme Arrest, pour les Monasteres esquels l'Abstinence estoit establie, & par prouision en attendant le Iugement du Pape.

Il reste à obseruer en cét Arrest, que dans la preface d'iceluy la premiere des pieces qui y sont enoncées est la Sentence de M. le C. de la Roche-Foucauld du 27. Iuillet 1644. de laquelle non seulement n'ayant point esté fait mention dans le dispositif de l'Arrest, mais de plus ce qui a esté ordonné par l'Arrest y estant contraire, les *Abstinents* sont encores moins receuables à mettre en auant cette Sentence.

E. de la production desd. Vuyart & Tedenat sur les appellations des Abstinents.

En execution de cét Arrest le 10. May 1645. il a esté procedé à l'election d'vn Abbé de Cisteaux, aprés que les Religieux de la Commune Obseruance ont fait la ratification qui estoit ordonnée du susdit desistement & renouuellement d'appel comme d'abus, & nonobstant les pretenduës protestations & autres empeschemens des *Abstinents*, qui n'estoient que des emportemens de chicane, selon qu'il appert par le procez verbal.

Les *Abstinents* ont donné leur voix à l'Abbé de Prieres, lequel estant Secretaire de M. le C. de Richelieu, s'estoit preparé par l'introduction des *Abstinents* dans Cisteaux, vn moyen de luy succeder en cette Abbaye.

Les Religieux de la Commune Obseruance ont donné leurs suffrages à Dom Claude Vaussin à present Abbé de Cisteaux, Religieux Profez de Clairuaux aussi de la Commune Obseruance.

Lequel ayant eu la pluralité des voix est demeuré eleu, & son election a esté agreée par le Roy, & par la Reyne lors regente, de l'aduis du Conseil, le procez verbal d'election y ayant esté veu.

Les escrits faits à Rome soubs la cotte G. de la susd. production desd. Vuyart & Tedenat,

Les *Abstinents* ont formé opposition en Cour de Rome à l'expedition des Bulles confirmatiues de cette election, sur quoy il y a eu procez contradictoirement instruit, auquel tout le corps de la Commune Obseruance (& notamment les Estrangers par interuention speciale) a esté partie contre les *Abstinents*.

Le pretexte de leur opposition estoit, *Que* les Religieux Elisants & l'Abbé eleu estoient priuez de voix actiue & passiue par les Sentences de M. le C. de la Roche-Foucauld, & priuez de la voix passiue par la Sentence de M. les Deleguez; *Que* les Elisants estoient excommuniez pour s'estre pourueus pardeuant des Iuges Laïques au Parlement, *Que* le mesme reproche ne pouuoit estre fait à iceux *Abstinents* pour s'estre pourueus au Conseil, ayans esté disoient-ils necessitez de s'y adresser, *Vt tollerentur violentiæ Parlamenti*, ce sont les mots de leurs escrits qui sont en la production deſd. Wyart & Tedenat ſur les appellations cômme d'abus des *Abſtinents* au preſent procez.

Ils concluoient à Rome, non ſeulement à ce que cette election fuſt rejettée comme nulle, mais de plus à ce que celle de l'Abbé de Prieres fuſt confirmée, nonobſtant qu'elle euſt eſté improuuée par le Roy en agreant celle de Dom Claude Vauſſin, comme ſeule canonique à l'excluſion de l'autre.

De la part de la Commune Obſeruance de l'Ordre il a eſté iuſtifié *Que* les Sentences de M. le C. de la Roche-Foucauld eſtoient infirmées par celles de M. les Deleguez; *Que* celle-cy eſtoit aſſiſtée de l'authorité du Roy, qui auoit agreé l'election faite conformement à l'Arreſt de ſon Conſeil, où le different auoit eſté porté par les Abſtinents, à quoy il y auoit d'autant moins d'apparence qu'il peuſt y auoir obſtacle par les Sentences de M. le C. de la Roche-Foucauld qui ne ſubſiſtoient plus, que quand elles euſſent eſté en leur entier elles n'auroient pû eſtre d'aucun effect, n'ayant pas eſté en ſon pouuoir de changer l'eſtat de l'Ordre, ny de priuer de voix actiue & paſſiue des Religieux qui n'auoient point encouru cette priuation, & contre leſquels il n'auoit fait aucune des procedures qui auroient eſté neceſſaires pour prononcer à l'encontre d'eux vne ſi grande peine reguliere & ſi infamante.

Sur cette conteſtation examinée par Meſſieurs les Cardinaux & Prelats expreſſement deputez pour l'inſtruction & le iugement de ce procez, le Pape Innocent X. en ayant entendu le rapport, il la iugé par Bulle du 29. Nouembre 1645. B. de la troiſieſme production deſdits Vuyart & Tedenat.

Par laquelle non ſeulement il a confirmé l'election de Dom Claude Vauſſin Abbé de Ciſteaux, lequel en conſequence eſt entré en poſſeſſion au mois de Ianuier 1646;

Mais de plus par cette Bulle le Pape à impoſé ſilence perpetuel aux *Abſtinents* ſur leurs pretenſions.

Le texte de la Bulle fait veoir quel doit eſtre l'effect d'icelle ſelon l'intention du Pape, en ces termes, *Quieti totius Ordinis conſulere, & vlteriora litis ſeu controuerſia huiuſmodi inuolucra præſcindere cupientes, Electionem prædictam apoſtolica authoritate tenore præſentium approbamus & confirmamus, & ſuper oppoſitione vt præfertur facta perpetuum ſilentium imponimus.*

Ce qui monſtre que la Cauillation de l'Abbé de Prieres eſt groſſiere & abſurde, en ce qu'il dit que par vne clauſe precedente de la Bulle y ayant ces mois, *licet lis pendeat indeciſa*, le procez qui auoit eſté inſtruit en Cour de Rome, dans lequel l'election estoit contestée, seroit demeuré indecis, & neantmoins le Pape auroit confirmé l'election, lesquels mots de la Bulle non seulement ne peuuent estre appliquez à l'induction qui en est faite, mais de plus sont la preuue du contraire, dautant que selon le style de Cour de Rome on vse de ces termes pour designer que le procez est terminé, ce mot *licet* ayant cette signification, qu'encores qu'il y aye eu procez, le Pape confirmant l'election le termine, ce qui est dautant plus certain, que par la clause immediatement suiuante celle qui est cy-dessus rapportée de la Bulle, le Pape a fait defenses à tous Iuges de iuger autrement, ce qui monstre que par la Bulle il a iugé tout ce qui estoit à iuger alors d'icelle.

Ce Poinct a esté iugé auec plusieurs autres sur ce sujet par Arrest du 25. Iuin 1655. Contradictoirement rendu en l'Audience de la grand Chambre sur les Conclusions de feu Monsieur l'Aduocat General Bignon, par lequel Arrest tous les *Abstinents*, & particulierement l'Abbé de Prieres qui auoit vn Aduocat separement pour luy, ont esté declarez non receuables, & de grace sans amende, en leur appel comme d'abus de l'execution de la Bulle.

E. de la production desd. Vuyart & Tedenat sur les appellations des *Abstinents*.

L'Abbé de Prieres s'abuse, peut estre par erreur volontaire, quand il dit que la Cour n'a iugé que les fins de non receuoir, il a oublié qu'il n'y a iamais de fins de non receuoir contre vn vray abus, & que la Cour iugeant les appellations cóme d'abus contre les appellants vse de deux formes de prononcer, ou hors de Cour & de procez quand les appellations ne sont pas sans couleur, on declare non receuables quand les appellations sont destituées de fondement, comme estoit l'appel de l'Abbé de Prieres.

Partant puisque par la Bulle le Sainct Siege confirmant l'election a terminé tous les differents par l'authorité de l'Eglise, il s'ensuit que par l'Arrest confirmatif de la Bulle le Parlement les a aussi terminé par l'authorité du Roy.

Par vn second Chef de l'Arrest la Cour faisant droict sur les conclusions de Monsieur le Procureur General a ordonné, que l'Abbé de Cisteaux nommeroit incessamment vn Vicaire des Religieux de l'Abstinence, pour la direction de leurs maisons, Est-ce sans prejudice de l'instance pendante en icelle, ce qui est à l'auantage de l'Ordre contre les *Abstinents*, dautant que le Vicaire General sur leurs Monasteres, qui auoit esté destitué quatre ans auparauant au Chapitre General de 1651. rapporté cy-apres, continuant par desobeyssance l'exercice de son Vicariat, & deux autres instituez par le Chapitre General refusans par mesme motif

de

de rebellion de faire leurs charges, ce qui faisoit vn trouble dans
l'Ordre, la Cour sur les conclusions de feu Monsieur l'Aduocat
General Bignon qui l'a ainsi requis d'Office, a ordonné qu'il y
auroit vn autre Vicaire General, l'Arrest porte, *Et ce sans pre-*
iudice de l'instance pendante en icelle, ce qui a relation seulement
à ce qui est immediatement precedent en l'Arrest touchant la nomination d'vn Vicaire General, & non pas au premier Chef de
l'Arrest concernant l'appel comme d'abus, sur lequel ce qui a esté
prononcé est pur & simple & sans reserue, aussi l'Arrest ne dit
pas *le tout sans preiudice,* comme veut faire croire l'Abbé de Prieres
contre la teneur de l'Arrest, ce qui comprendroit le total d'iceluy,
mais il dit *Et ce sans preiudice,* ce qui est restraint à ce qui est ordonné pour le Vicariat sur les *Abstinents,* lequel n'estant qu'vne
continuation de Police ordinaire de l'Ordre, dans lequel depuis
plusieurs années il y auoit tousiours eu vn *Abstinent* establi Vicaire de l'Ordre sur les Monasteres de l'Abstinence, sans preiudice
de la Superiorité & Iurisdiction du Chapitre General de l'Abbé
de Cisteaux & des quatre premiers Peres, l'Abbé de Prieres contre
sa propre science & conscience essaye de surprendre le public, en
feignant que par cét Arrest le Vicariat aye esté ordonné pour exclurre les Superieurs Majeurs de l'Ordre, de leur Iurisdiction sur les
Abstinents.

En cét endroit, par occasion de l'Arrest qui deuoit suiure la
Bulle confirmée par iceluy, il est besoin de faire intermission de
l'Ordre des dattes en ce discours, à cause de la connexité insepara-
ble, apres auoir parlé de l'election d'Abbé de Cisteaux, de dire ce
qui s'est passé en d'autres Elections des principales Abbayes de
l'Ordre.

Dés le 21. Mars 1643. l'Abbaye de Pontigny a vacqué par le
decez de Dom Charles Boucherat penultiesme Abbé, les Religieux
de Pontigny de la Commune Observance ont le dernier du mesme mois eleu Dom Matthieu de Mesgrigny Abbé de Quincy de
la mesme Observance, le Roy a agreé son election, les *Abstinents*
en ont empesché la confirmation à Rome sous pretexte des Sentences de M. le C. de la Roche-Foucaud, desquelles l'appel estoit
encore indecis : Le Pape a iugé l'opposition friuole, & octroyé
les Bulles de confirmation, les *Abstinents* se sont opposez à la
prise de possession du nouuel Abbé, il les a fait assigner au grand
Conseil en complainte, ils ont appellé comme d'abus de l'election
& de l'execution de la Bulle de confirmation, les Peres de l'Ordre
& les Religieux de Pontigny y ont aussi esté parties contre les *Ab-*

R

E. de la production
desd. Vuyart & Te-
denat sur les appel-
lations des Absti-
nents.

ſtinens, par Arreſt contradictoire du 25. Fevrier 1645. le Grand
Conſeil a declaré les *Abſtinens* non receuables en leurs appellations comme d'abus, & a maintenu Dom Matthieu de Meſgrigny en l'Abbaye de Pontigny.

Par ſon decez cette Abbaye ayant vacqué en Avril vn 1650. les Religieux ont éleu D. Louïs Martel à preſent Abbé de Pontigny, contre lequel les Abſtinens ayans conſideré qu'ils n'auroient pas meilleur ſuccez que contre ſon predeceſſeur, s'ils entreprenoient de trauerſer ſa promotion à cette Abbaye, ils ont ſous le nom d'vn Abbé Regulier de la Commune Obſeruance appellé comme d'abus de cette election au Parlement, ſous d'autres pretextes que des Sentences de Monſieur le Cardinal de la Roche-Foucauld, qui eſtoient alors infirmées par la Sentence de Meſſieurs les Prelats Deleguez du 13. Juin 1644. La cauſe ſur cét appel a eſté publique ayant eſté plaidée en l'Audiance de la Grand'Chambre ce qui a eſté Notoire aux *Abſtinens*, qui n'y ſont pas interuenus, voyans qu'aprés la Sentence de M. les Deleguez & l'Arreſt du Grand Conſeil il n'y auoit plus lieu de pretendre pour eux que les Principales Abbayes de l'Ordre leur fuſſent acquiſes par les Sétences de M. le C. de la Roche-Foucauld, neantmoins par leurs ſollicitations ils y ont eſté parties ſans ſe declarer, on peut dire qu'il y a reſmoignage de cette verité par le plaidoyé de feu M. l'Aduocat general Bignon en cette cauſe, portant que la diuerſité des Obſeruances en l'Ordre auoit produit cette conteſtation, ce plaidoyé inſeré dans l'Arreſt du 10. May 1651. par lequel l'election de Dom Louïs Martel a eſté confirmée, aprés elle a eſté agreé par le Roy, & depuis elle a eu Bulle de confirmation par le Pape, & eſt paiſible poſſeſſeur de l'Abbaye de Pontigny.

Celle de Clairuaux ayant vacqué par le decez de Dom Claude Largentier dernier Abbé en 1653. les *Abſtinens* ont obtenu ſur requeſte deux Arreſts au Conſeil les 17. & 27. Septembre, portants défenſes d'elire autre perſonne qu'vn *Abſtinent* pour Abbé de Clairuaux, deſquelles deffenſes les Religieux de Clairuaux de la Commune Obſeruance ayans eu main-leuée par autre Arreſt du Conſeil du 9. Fevrier 1654. ils ont eleu pour Abbé Dom Pierre Henry à preſent Abbé de Clairuaux de la Commune Obſeruance, duquel l'election ayant eſté agreée par le Roy, les *Abſtinens* ſe ſont oppoſez à la confirmation à Rome, dont ils ont eſté deboutez, l'election confirmée par le Pape, Dom Pierre Henry eſt paiſiblement jouïſſant de l'Abbaye de Clairuaux.

Dans le commencement de ce nouueau trouble de l'Abbaye de

Clairuaux y en ayant eu plainte au Saint Siege, comme de continuation des *Abstinents* à la decision Apostolique renduë à l'encontre d'eux par la Bulle de l'Abbé de Cisteaux cy-dessus rapportée du 29. Nouembre 1645. le mesme Pape Innocent X. qui auoit
par cette Bulle rendu son Decret d'imposition de silence perpetuel aux *Abstinents* sur leurs professions, a decerné son Bref, apres
la deliberé de la Congregation de Messieurs les Cardinaux preposez
pour les affaires des Reguliers, le 25. Ianuier 1654. par lequel il a
fait defenses aux *Abstinents* de plus troubler les Religieux de Clairuaux ny ceux des autres Abbayes és elections d'Abbez, à peine d'ex-
communication *ipso facto*, de laquelle il ne pourroit y auoir ab-
solution qu'à l'article de la mort, sinon par le Saint Siege, & encore de priuation de voix & d'employ dans les Offices és Monasteres, & d'inhabilité perpetuelle pour raison d'iceux, dont ils ne
pourroient estre restablis que par le Saint Siege.

L'Abbaye de la Ferté à vacqué par le decez de Dom Yves Sau-
uaige dernier Abbé l'an 1655. Les Religieux qui sont de la Commune Obseruance ont eleu Dom Pierre Bouchu à present Abbé
de la Ferté de la mesme Obseruance, son election a esté agrée
par le Roy, les *Abstinents* ont formé opposition en Cour de Rome à sa confirmation, toûjours reclamants pour faire valoir les Sentences de M. le C. de la Roche-Foucauld nonobstant tout ce qui
s'est passé depuis, le Pape Alexandre VII. à present seant a rejetté
leur opposition, & confirmé l'election de Dom Pierre Bouchu,
lequel est en paisible possession & jouyssance de l'Abbaye de la
Ferté.

Il est à remarquer en passant, que les *Abstinents* sur leurs oppositions à Rome aux confirmations des elections susd. des Abbez de
la Ferté & de Clairuaux, ont demandé des Iuges *in partibus*, ce
qui fait voir leur inclination au Procez, & la repugnance qu'ils
ont à obseruer le silence à eux imposé par le Saint Siege.

Les procez sur telles oppositions formées en Cour de Rome n'e-
stans pas de la qualité de ceux sur lesquels il doit y auoir selon le
Concordat des Iuges *in partibus*, ainsi qu'il a paru par l'opposition
iugée à Rome pour l'Abbaye de Cisteaux, apres le iugement de
laquelle les autres n'estoient que vexations.

Le zele de reformation n'est point le motif & ne peut estre l'excuse de cette continuité inuincible, les empeschemens à toutes les
elections des principaux Abbez de l'Ordre decouurent que c'est vn
effort d'ambition, il ne se faut pas estonner de ce que les *Abstinents*
ne se rendent point aux Ordres du Roy & aux Arrests du Parle-

ment, le Saint Siege, pour lequel entre les Chrestiens qui sont en l'vnion de l'Eglise les Reguliers ont la derniere deference, n'est pas suffisant pour faire obeyr les *Abstinens* de l'Ordre de Cisteaux. *Quid satis est si Roma parum.*

La prise de possession cy-dessus cottée du mois de Ianuier 1646. de l'Abbaye de Cisteaux par don Claude Vaussin, a esté suiuie des reconnoissances & soumissions volontaires des *Abstinens*, non seulement de ceux qu'il a trouué dans Cisteaux, mais aussi de tous les autres tant Abbez que Religieux, & specialement de l'Abbé de Prieres, ainsi qu'il est constant par plusieurs Missiues par luy escrites à l'Abbé de Cisteaux, apres la lecture desquelles on ne pourroit pas s'imaginer si on ne l'auoit veu, qu'vn Abbé regulier qui se dit reformé soit tombé en cette extremité d'inconstance, & on peut dire pour s'exprimer, de perfidie, apres auoir fait volontairement dans le secret & la liberté de son cabinet des protestations de respect d'obeissance & de fidelité à son Superieur, lesquelles ne luy ont point esté suggerées, & ausquelles il n'a point esté contraint, d'auoir conspiré contre son honneur son estat, & les deuoirs ausquels il est obligé enuers luy par les vœux de sa profession, la verité estant qu'vn Abbé de Cisteaux ne peut estre traduit en Iustice auec plus de mespris & plus d'injures, que celuy qui est à present par les calomnies de l'Abbé de Prieres, desquelles il appert par les escrits qu'il a fait en ce procez, & par ses imprimez dont il est parlé cy-apres.

Cette conduite des *Abstinens*, qui a esté semblable enuers les quatre premiers Peres de l'Ordre, est dautant plus odieuse, qu'il y a de l'ingratitude des *Abstinens*, ayans reçeu de l'Abbé de Cisteaux & des quatre premiers Peres toutes les assistances gratifications faueurs & protections qu'ils auroient pû en auoir, non seulement s'ils n'auoient point trauersé comme ils ont fait leurs promotions, mais s'ils auoient merité leur bien-veillance par des actions opposées.

Entre plusieurs tesmoignages de cette verité qui paroissent au procez, il y en a vn notable effect, en ce que encores qu'apres que le Roy eut agrée & le Sainct Siege eut confirmé l'election de l'Abbé de Cisteaux, il ny eust plus occasion de desirer vne declaration plus formelle du Pape sur le faict de l'Abstinence en execution de la Sentence de Messieurs les Prelats deleguez, neantmoins il a esté permis aux *Abstinens* en Avril 1646. de s'assembler, pour auiser à ce qui seroit à faire de leur part, apres la cessation apparente du trouble de l'Ordre (qui auoit esté excité & entretenu par eux)

pour

pour maintenir la tranquillité entre les deux Obseruances, & à
cette fin ils ont en leur Assemblée deputé cinq Abbez *Abstinents,*
porteurs de leurs Articles, & auec plein pouuoir, entre lesquels
estoient les Abbez de la Charmoye & de Prieres qui sont encores
à present, lesquels cinq Abbez sont venus à Cisteaux, & en vne
conference qu'ils ont eu auec l'Abbé de Cisteaux & les quatre
premiers Peres le 16. Iuin 1646. il y a eu procurations passées
d'vne part & d'autre, & enuoyées en Cour de Rome, pour consentir pardeuant le Pape, *Que* la Communauté ou Mense Conuentuelle de l'Abbaye de Cisteaux fut de la Commune Obseruance de l'Ordre & dans l'vsage de chair suiuant la pratique d'i-
celuy, *Que* les *Abstinents* qui estoient à Cisteaux s'en retireroient,
& seroient placez en des Monasteres de l'Abstinence, sans prejudice du droict à eux acquis par leur profession, *Que* l'Abbé de Cisteaux & les quatre premiers Peres pourroient establir des Nouiciats dans l'Obseruance Commune & vsage de chair, en tels Monasteres de l'Ordre qu'ils auiseroient, exceptez ceux esquels l'Abstinence estoit alors establie, *Que* les Religieux Profez de Cisteaux
de la Commune Obseruance iouïroient du droict de voix actiue
& passiue en l'election d'Abbé de Cisteaux, & tous les autres
Religieux dans les Elections des autres Abbayes.

Ce sont les poincts exprimez en la procuration signée des cinq
Abbez *Abstinents* deputez de tous les autres Abbez & Religieux
de la mesme Obseruance, laquelle procuration auec celle de l'Abbé de Cisteaux & des quatre premiers Peres, laquelle y est relatiue
& conforme, est le tiltre d'vne conuention accordée entre les deux
Obseruances de l'Ordre sous le bon plaisir du Pape.

Par vne derniere clause de cette procuration des *Abstinents* il est
porté, que l'Abbé de Cisteaux où le Procureur general de l'Ordre
ou quelqu'autre Pere poursuiuroit pardeuant Sa Sainteté la declaration que la Sentence de Messieurs les Prelats Deleguez du 13.
Iuin 1644. ordonnoit estre obstenuë sur le fait de la pratique ou
dispense de l'Abstinence perpetuelle de chair dans l'Ordre, à l'exception des Monasteres des *Abstinents* qui desiroient perseuerer en l'A-
bstinence, laquelle clause est vn acquiescement positif à la Sentence
de M. les Prelats Deleguez, de laquelle neuf ans apres les *Abstinents*
se sont aduisez d'appeller comme d'abus au present procez.

A la fin de cette clause il est dit que le tout est sans se departir
des autres poincts contenus és Sentences Apostoliques & Arrests
du Conseil de sa Majesté, qui regardent le maintien, conduite &
reglement de l'estroite Obseruance (c'est à dire de l'Abstinence)

S

H. de la premiere
production desd.
VVyart & Tedenat.

és Monasteres où elle estoit establie, par le moyen dequoy les *Abstinents* ont d'abondant renoncé aux Sentences de M. le C. de la Roche-Foucaud (ce qu'ils auoient fait en acquiesçant à celle de M. les Prelats Deleguez) excepté seulement en ce qui est de la subsistence de leur Obseruance.

Surquoy pour oster tout equiuoque en cette conclusion de leur procuration, il y a en celle de l'Abbé de Cisteaux & des quatre premiers Peres, vne protestation de se pouruoir par les voyes de Droict, où il arriueroit entreprise des *Abstinents* d'abuser de la clause de leur procuration, pour pretendre faire valoir les Sentences au delà de ce qui est de la faculté d'obseruer l'Abstinence.

Sur cette procuration des *Abstinents* sont à remarquer en cet endroit six de leurs actions arriuées en diuers temps, lesquelles concernent cette piece.

E. de la production de M. l'Abbé de Cisteaux.

I. Auant l'assemblée de Cisteaux elle a esté souhaittée par les *Abstinents*, Ils ont fait paroistre la satisfaction qu'ils auroient d'y aller, Apres l'assemblée faite ils ont témoigné qu'ils en estoient tres-contens, Le tout est justifié par Missiues escrites à l'Abbé de Cisteaux par l'Abbé de Prieres les 15. May, 1. Iuin, 13. Iuillet, 10. Aoust 1646. lesquelles sont sous la cotte E. de la production de M. l'Abbé Cisteaux au present procez, Neantmoins l'Abbé de Prieres & par sa plume tous les *Abstinents* ont parlé de cette procuration par la cotte T. de l'inuentaire de leur production principalle; comme d'vn acte de surprise & d'extorsion continuans ce

Contredits desd. VVyart & Tedenat fol. 229.

qu'ils ont aduancé par le mesme inuentaire en la cotte S. qu'en ce qui a precedé l'Assemblée de Cisteaux, en quoy ils comprennent leur consentement à la prise de possession de l'Abbé, ils auroient esté contraints par voyes d'authorité & de violence, sans rien circonstancier de ce fait, ny non plus en rien iustifier, ce qui n'empesche pas que leurd. inuentaire en la cotte T. ne commence par ces mots injurieux & au Saint Siege, & au Conseil du Roy où a esté fait ce qui a precedé l'assemblée de Cisteaux, *Toutes les voyes d'authorité & violence cy-dessus prouuées ostans tout moyen aux intimez* (qui sont les Abstinents) *de le deffendre des puissances qui les opprimoient de toutes parts, & leur fermoient toutes les voyes à la Iustice*, ce qui est encores injurieux au Parlement, qui ne souffre point que les subjets du Roy soient opprimez par aucune puissance, sur quoy pour preuve du contraire de cette supposition des *Abstinents*, Le Chapitre general supplie la Cour de voir les contredits qu'il a fourny sous le nom desd. Wyart & Tedenat au fueillet 229. & suiuants.

II. Par la mefme cotte T. les *Abftinents* reconoiffans que l'Abbé de Cifteaux leur à permis de s'affembler, il adjouftent que c'a efté fuiuant leur Sentence & poffeffion, c'eft impofture mani-fefte; *Que les Abftinents* reprefentent la permiffion, il fe trouuera qu'elle leur a efté accordée par authorité de l'Ordre, & à leur re-quifition; *Ils* ne l'ont pas produit afin de prendre la liberté d'im-pofer: *L'acte* de l'Affemblée des *Abftinents* qui eft du mois d'Avril 1646. XVII. pieces de la cotte B. en la troifiefme production defd. Wyart & Tedenat porte que l'a Affemblée des *Abftinents* a efté faite moyennant la permiffion fufd. fans parler de Sentence ny de poffeffion: *Il* y a Miffiue de l'Abbé de Prieres à l'Abbé de Cifteaux du 20. Auril 1646. parlant de la permiffion, fans faire au-cune mention de Sentence ny de poffeffion, cette Miffiue eft la premiere piece de la cotte E. en la production de M. l'Abbé de de Cifteaux.

III. Les *Abftinents* ont efcrit en cette mefme cotte T. que ceux de leur Obferuance qui s'eftoient retirez de Cifteaux alors de l'affemblée, felon qu'il fuft arrefté en icelle, ont receus mauuais traittement de l'Abbé de Cifteaux: Il appert du contraire par mif-fiue de Dom Placide Petit Abbé de l'Eftoille *Abftinent*, efcrite à l'Abbé de Cifteaux le 10. Iuillet 1646. VII. piece de la cotte E de la production de M. l'Abbé de Cifteaux.

IV. Sous cette mefme cotte T. les *Abftinents* ont produit vne fauffe expedition de la procuration paffée par leurs deputez à Ci-fteaux, laquelle ils ont fuppofé n'auoir efté que de quatre Abbez au lieu de cinq, en cette expedition il n'y auoit fignature que de trois Abbez, & il y auoit des claufes tronquées, les circonftances de cette fauffeté font és fueillets 239. 240 & 241. des contredicts defd. Wyart & Tedenat, lefquels ayans formé infcription en faux contre cette piece, les *Abftinents* ont arrefté le cours de l'inftance de faux par le defiftemét qu'ils ont fait de fe feruir de la piece de laquel-le la fauffeté paroift par la coference d'icelle auec vne expedition ve-ritable de la procuration des cinq Abbez *Abftinents* fous le cotte H. de la production principale defd Wyart & Tedenat. Si les Reli-gieux de la Commune Obferuance eftoient tombez en un pareil crime, duquel l'Abbé de Prieres eft complice, eftant l'vn des trois qui ont figné la fauffe expedition, dont il eftoit peut-eftre l'au-theur, l'ayant efté de l'inuentaire de la production en laquelle cette piece fauffe a efté produite par les *Abftinents*, il y auroit eu matiere pour vn chapitre entier en fon liure de diffamation contre l'Ordre de Cifteaux, dont il eft parlé cy-apres.

V. Les *Abstinents* ayans preueu que la piece fausse, par laquelle ils auoient presumé pouuoir eluder l'effect de la susd. vraye procuration, seroit destruite comme elle a esté par inscription en faux, ils ont produit encores sous lad. cotte T. vn acte de pretendüe Protestation du 21. d'Octobre 1647. contre tous les actes qui auoient esté auparauant ou seroient en suite faits par eux, de soufmission enuers l'Abbé de Cisteaux & les quatre premiers Peres, & de recognoissance de leur Iurisdiction, en quoy on pretend qu'ils ayent compris la procuration dont il s'agit du 16. Iuin 1646. anterieure de plus de 16. mois à la protestation, laquelle ne peut deroger à vn acte precedent, & ne peut estre d'aucun effect que pour preuue de la mauuaise foy des *Abstinents*, vne protestation, selon qu'il est iustifié par les dispositions de l'vn & l'autre droict és contredits desd. Wyart & Tedenat au feüillet 246. & suiuans, estant vn pur acte de fraude, sinon quand il appert que ceux qui ont protesté n'ont pas eu autre moyen de s'exempter de faire quelque acte auquel ils auroient esté contraints par violence, & encores toute voye de faict n'est pas suffisante pour la validité d'vne protestation, non plus que pour donner atteinte aux actes contre lesquels il auroit esté protesté, selon le rescrit du Pape Innocent III. confirmatif de ce qui auoit esté fait pour des Religieux de l'Ordre de Cisteaux, contre les Chanoines des Isles, au Chapitre *Cum dilectus De ijs quæ vi metusue causa fiunt, Nonobstante violentia quæ proponebatur illata, cum neque metum mortis neque cruciatum corporis contineret, & ideo non debuerat cadere in constantes,* A quoy il n'y a rien d'approchant au fait de la Procuration dont est question, n'y des autres actes des *Abstinents*, ainsi qu'il paroist par leur protestation, de laquelle le seul pretexte est vne defiance ou vn ombrage volontaire qu'ils ont feint d'eux-mesmes, de n'estre pas maintenus en leur Obseruance par l'Abbé de Cisteaux & les quatre premiers Peres, par aucun desquels, non seulement ils n'ont cotté chose quelconque qui aye esté faite tendante à les troubler en leur Obseruance, mais de plus ils ont deu d'eux non seulement par tolerance, mais encores par Concession, tout ce qu'ils ont desiré pour la faire subsister, ayans esté tellement gratifiez, qu'ils ont mesmes eu des emplois considerables en l'Ordre sur les Monasteres de la Commune Obseruance, selon qu'il est iustifié par la cotte E. de la production de M. l'Abbé de Cisteaux.

VI. La protestation des *Abstinents* a tellement esté recognuë par eux ne pouuoir afoiblir la procuration, qu'apres la faussété & la protestation ils ont eu recours à vn pretendu desauou, par acte

du

du 27. Feurier 1655. fait par Dom Pierre Gautier soy disant Procureur General des *Abstinens*, qualité vsurpée, laquelle n'ayant
point de subsistance le desaueu n'est qu'vne illusion, & d'autant
moins peut il auoir d'effet, prouenant de ce particulier Abstinent,
que quand tous les *Abstinens* en Corps en vne Assemblée legitime auroient desauoüé la procuration, le desaueu seroit conuaincu de temerité par vne autre procuration du 23. Avril 1646.
passée en l'Assemblée des *Abstinens* rapportée cy-dessus, aux cinq
Abbez susd. lesquels en vertu de cette Procuration ont passé à
Cisteaux celle du 16. Iuin 1646. & ces cinq Abbez estoient alors
les plus notables personnes de l'Abstinence, desquels trois sont
decedez, *le premier* l'Abbé de Chastillon Vicaire General de l'Ordre sur les Monasteres de l'Abstinence, *le second* l'Abbé des Pier-
res qui auoit esté Prieur en l'Abbaye de Cisteaux, auoit Presidé
à la derniere Election d'Abbé, & auoir esté partie en son nom en
lad. qualité de Prieur de Cisteaux és procez susd. iugez contre les
Abstinens, l'vn par M. les deleguez, & l'autre en suite par le
Sainct Siege, *le troisiesme* estoit l'Abbé du Lieudieu, & des cinq
deux restent viuants, qui sont l'Abbé de la Charmoye & l'Abbé
de Prieres, tous lesquels cinq Abbez n'auroient pas esté si peu
circonspects, que de s'ingerer a faire pour tous ceux de leur Obseruance vn acte si important, s'ils n'en auoient eu le pouuoir, &
ils n'auroient pas esté si contraires à leur deuoir enuers le Sainct
Siege (pour ne pas dire enuers leurs Superieurs Majeurs qu'ils auroient moins consideré) que d'y enuoyer vne procuration suiete
à desaueu, & s'ils s'estoient tellement oubliez enuers leur party,
on ne leur auroit pas confié la conduite du present procez, & encores moins à l'Abbé de Prieres l'instruction d'iceluy, auquel
tout ce qui est escrit & produit est de sa façon & de son inuention,
Aussi ce desaueu ayant esté sommé ausd. Abbez de la Charmoye &
de Prieres, par requeste à eux signifiée, presentée à cette fin par
lesd. Wyart & Tedenat, ces deux Abbez sont demeurez dans le
silence, qui est vn aueu de n'auoir point de deffenses contre cette
sommation, & si le desaueu estoit autant iuste qu'il est temeraire,
ces deux Abbez demeureroient conuaincus d'vne insigne impru-
dence ou legereté, ou d'vn dol personnel tres odieux en leur procedé enuers leurs Superieurs Majeurs.

Sur les susd. procurations reciproques enuoyées d'vne part &
d'autre au Procureur General de l'Ordre en Cour de Rome, s'e-
stant trouué absent, à la diligence de son nepueu ayant charge
de ses affaires, qui estoit l'abbé de Saincte Croix dumesme Ordre

en la Ville de Rome, apres que les articles des deux Procurations
ont esté examinez & approuuez par des Cardinaux & Prelats deputez à cét effect, il y a eu sur leur auis Bref du Pape Innocent X.
du 1. Fevrier 1647. qui est en substance vne homologation par
le Sainct Siege, d'vn Concordat passé entre les deux Observances
de l'Ordre de Cisteaux, par les deux Procurations, desquelles la
teneur est reprise & reduite dans le dispositif du Bref en la clause
qui ensuit, laquelle est apres vne preface succincte de l'Exposition
des differents qui auoient esté dans l'Ordre, *Videlicet quod circa
electionem Abbatis Generalis aliorumque Abbatum & Officialium
dicti Ordinis, ac esum Carnium, & receptionem Nouitiorum, seruetur prout ante sententiam per dictos Iudices latam, iuxta eiusdem Ordinis Constitutiones etiam Apostolicas seruabatur.*

En quoy pour conoistre que tout ce qui auoit esté cotentieux en
l'Ordre a esté de nouueau terminé par le S. Siege du consentement
des parties, apres auoir esté iugé contradictoirement par la susd.
Bulle du 29. Nouembre 1645. du mesme Pape Innocent X. Confirmatiue de l'election d'Abbé de Cisteaux, la conference de la preface
& du dispositif du Bref en font la demonstration, contre les Ca-
uillations par lesquelles les *Abstinents* se sont efforcez de faire
passer ce Bref pour piece inutile, quoy qu'ils l'ayent recognu
pour tiltre si important, qu'ils en ont appellé comme d'abus au
present procez.

En la preface du Bref en cette clause, *cum itaque vertentibus
alias inter dilectos filios &c. quibusdam controuersiis circa reformationem dicti Ordinis*, le mot *alias* designe que l'intention du Pape
a esté de terminer les differents qui estoient depuis long-temps, &
non pas seulement de pouruoir à ceux qui auroient pû rester ou
continuer apres la Sentence de M. les Prelats delegué, laquelle
n'estant que du 13. Iuin 1644. n'auoit precedé le Bref que de deux
ans & demy, desorte que ce mot *alias* à sa relation à vn temps
plus esloigné, qui est celuy depuis lequel il y auoit des contestations en l'Ordre sur la reformation d'iceluy, *circa reformationem
dicti Ordinis*, ce qui est vne tres generale designation de tout ce
qui s'estoit passé dans les temps precedents touchant la reformation de l'Ordre, y compris le procedé de M. le C. de la Roche-
Foucauld, dans lequel encores qu'il n'y aye pas eu des parties en
qualité de demandeurs & deffendeurs, comme dans vn procez
formé, neantmoins par les circonstances qui en ont esté dedui-
tes cy-dessus il est assez euident, que les *Abstinents* estoient pour-
suiuants, & que les Abbez & Religieux de la Commune Obseruãce

H. de la production
desd. VVyart &
Tedenat.
Leurs Contredits
depuis fol. 318. ius-
ques à fol. 345.

de l'Ordre estoient poursuiuis, & ainsi auec raison ce procedé doit
estre entendu sous ces mots *Vertentibus alias quibusdam controuersiis circa reformationem dicti Ordinis.*

Ce qui suit immediatement en la preface du Bref, *Iudices de-
super à Sede Apostolica delegati per suam definitiuam sententiam*
ego, n'est que pour marquer le dernier errement de la procedure,
qui estoit la Sentence de M. les Prelats deleguez, de laquelle il n'a
pas esté fait mention en ce Bref qu'elle n'aye esté veuë par les Cardinaux & Prelats depurez, lesquels en la voyant ont aussi veu celle
de M. le C. de la Roche-Foucauld laquelle y est rapportée, tellement que si le Bref n'auoit esté relatif qu'au dernier temps des
differents, il n'auroit pas esté dit en ce Bref *Vertentibus alias controuersiis,* mais il auroit esté dit *Vertentibus nuper controuersiis.*

Et ayant esté dit *circa reformationem dicti Ordinis,* ce n'a pas
esté pour restraindre à ce qui seroit resté indecis par la Sentence de
M. les deleguez, mais pour monstrer que ce Bref a esté d'vne
vaste estenduë, pour faire vne Extinction tres generale & sans
reserue, de tous les troubles qui auoient esté dans l'Ordre entre les
deux Obseruances.

Ce qui paroist d'autant plus en la Preface du Bref, qu'en rapportant les trois Chefs de la Sentence de M. les deleguez qui
estoient contraires à la Commune Obseruance, I. la priuation
de voix passiue en l'election d'Abbé de Cisteaux. II. l'vsage
prouisoire de l'Abstinence III. la reception des Nouices, il est
parlé de l'vsage de viande en ces mots, *Circa esum Carnium in
eodem Ordine à centum & amplius annis etiam à Priuilegio Apostolico receptum,* en ce faisant le Pape a fait entendre que le different
entre les deux Obseruances sur lequel il a interposé son authorité
par le Bref, estoit sur toute la question de la dispense d'Abstinence
en l'Ordre.

Et sur ce poinct le Bref ayant dit que M. les Deleguez *Quædam circa esum Carnium immutauerant,* qui peut douter que selon
le style des Brefs de la Cour de Rome, le Pape n'aye entendu comprendre en cette expression, ce qu'il paroist y auoir eu de changement au preiudice de la dispense en la sentence, par l'introduction
des *Abstinents,* tant au College des Bernardins par M. le C. de la
Roche-Foucauld, qu'en l'Abbaye de Cisteaux par M. le C. de
Richelieu.

Il resulte de ces obseruations sur la preface du Bref, que quand
le Pape a ordonné par le dispositif, que touchant l'election d'Abbé de Cisteaux & d'autres Abbez de l'Ordre, & l'vsage de la chair,

de la reception des Nouices, on obserueroit ce qui estoit obserué *Ante sententiam per dictos iudices latam*, il a entendu que l'Ordre sur la diuersité des Obseruances seroit en l'estat auquel il estoit autresfois c'est le mot *alias*, & non pas en l'estat auquel il estoit immediatement auparauant la Sentence de M. les Deleguez, suiuant celles de M. le C. de la Roche-Foucauld, ainsi que supposent les *Abstinents*, veu que le Pape pour s'expliquer ne s'est pas contenté de dire *prout ante sententiam per dictas Iudices latam*, mais en continuant il a dit *iuxta eiusdem ordinis constitutiones etiam Apostolicas*, ce qui est relatif à ce qui a esté cy-dessus rapporté de la preface, *Circa etiam Carnium in eodem Ordine à centum & amplius annis etiam à priuilegio Apostolico receptum.*

Au lieu dequoy si le Pape auoit voulu remettre les parties seulement en tel estat qu'auparauant la Sentence de M. les Iuges Deleguez, pour restablir celles de M. le C. de la Roche-Foucauld qui estoient infirmées, il auroit dit dans la suite de la clause commencée par ce mot *iuxta*, que l'on viuroit dans l'Ordre selon qu'il estoit porté par la Sentence de M. le C. de la Roche-Foucauld, à quoy il n'y a rien d'approchant par le Bref.

Si la disposition en auoit esté telle, il n'auroit point esté accepté selon qu'il porte expressément l'auoir esté par le Procureur commun des deux parties, parce que ce qui estoit consenty par les procurations, pour obtenir en conformité d'icelles vn decret du Saint Siege, auroit esté contraire à ce qui auroit esté contenu dans le Bref.

Lequel estant émané du Pape, Iuge souuerain dans l'Eglise, & estant de sa dignité comme de tous les Souuerains, de faire sçauoir leurs intentions par des clauses qui sont d'autant plus maiestueuses quelles sont racourcies, si on auoit rapporté dans ce Bref tout ce qui estoit porté par les deux Procurations, ce n'auroit pas esté vn Bref, mais vn procez verbal.

Partant la vraye & sincere intelligence de ce Bref est, que le Pape a authorisé par iceluy la conuention faite par les procurations, que dans l'Ordre l'vsage de la dispense demeurtroit libre, & au mesme estat qu'auparauant le trouble que les *Abstinents* y auoient fait, & que l'Abstinence demeureroit pareillement en son entier és maisons de l'Ordre esquelles elle auoit esté establie sans contestation, ou pour mieux dire sans introduction des *Abstinents* par authorité.

La preuue que ces procurations reciproques ont formé vne conuention, n'est pas seulement en ce qu'elles ont esté passées en

vn

vn mesme lieu, pour vn mesme fait, & apres conference entre les deux partis, en vne assemblée preparée à cette fin.

Mais de plus il est d'vsage & de notorieté, que l'vne des manieres de passer des concordats pour terminer procez en fait de Benefices, est que chacun des deux Collitigants passe Procuration separée mais reciproque, de l'vne desquelles la relation mutuelle à l'autre vaut vn contract, pour faire ou consentir en Cour de Rome au nom de l'vn & de l'autre ce qui est accordé entr'eux, & obtenir sur ce les expeditions necessaires pour asseurer respectiuement le traité d'entre les parties.

Mais les *Abstinens* ne sont pas receuables à reuoquer en doute que le concours de ces deux procurations n'aye esté vn accord, puisque l'Abbé de Prieres (qui n'est point desaduoüé pour ce regard) l'a ainsi declaré par vne missiue qu'il a escrit sur ce sujet à l'Abbé de Cisteaux le 10. Aoust 1646. Entre les Procurations & l'Arrest, les mots de la lettre sont, *Ie suis fort ioyeux qu'à Rome on trauaille sur nos Procurations, i'apprehende que l'esloignement du Pere Hilarion* (c'estoit le Procureur general de l'Ordre en Cour de Rome) *ne differe encores l'accomplissement de cette affaire, neantmoins comme il y a accord mutuel, cela ne doit point souffrir de difficulté,* cette missiue est la V I I I. piece de la cotte E. en la production de l'Abbé de Cisteaux.

E. de la seconde production desd. Vvyart & Tedenat.

Les *Abstinents* voyans que ce qu'ils ont objecté contre ce Bref au fonds, ne peut empescher l'effect d'iceluy, font trois objections en la forme.

I. Ils veulent faire passer ce Bref du Pape, pour vn decret de la Congregation des Cardinaux à Rome de laquelle la jurisdiction n'est point recognuë en France.

Response, la lecture de la piece fait voir que c'est vn Bref du Pape, sur l'aduis des Cardinaux & Prelats specialement deputez par sa Sainteté, tellement que ce qu'il y a de Iurisdiction en ce Bref interuenu sur le consentement des parties, est absolument de l'authorité du Pape.

II. Que sur ce Bref il n'y a point eu de Lettres Patentes du Roy ny de verification au Parlement.

Response, C'est vn Bref qui n'est point pour rien changer ny establir: C'est vne homologation d'articles accordez *sub beneplacito sanctæ Sedis Apostolicæ*, Il n'y a point eu de procedure à faire en l'execution de ce Bref, Il a esté obtenu en consequence de ce qui estoit ordonné par la Sentence de M. les Prelats Deleguez qu'on obtiendroit vne Declaration du Pape sur le poinct de l'Abstinen-

V.

ce: Et c'a esté suiuant l'Arrest du Conseil d'Estat du 21. Ianuier
1643. que la Declaration a esté obtenue & celuy du 5. Auril 1645.
a ordonné l'execution de la Sentence de M. les Prelats Deleguez,
tellement que ce Bref a esté obtenu par les Ordres du Roy.

III. Que ce Bref estant du 1. Feurier 1647. il estoit sur-année,
lors qu'il a esté enregistré au Chapitre general de 1651. n'y en
ayant point eu de signification auparauant.

Response, C'est vn rescript de decision du Pape sur vne question
de dispense sur laquelle il y auoit trouble dans vn Ordre Regulier,
vn Bref de cette qualité ne peut estre sur-année estant perpetuel,
sans limitation de temps pour l'effect d'iceluy, il a esté obtenu par
vn Procureur commun des deux Obseruances, par les soins duquel il a esté rendu notoire à tous les interessez, qui l'ont tous accepté au Chapitre general, sans opposition par aucun des Abstinens plusieurs desquels y estoient, & l'vn d'iceux a seul murmu-
ré contre l'enregistrement d'vn autre Bref cy-dessus rapporté du
5. Decembre 1655. non pour la teneur d'iceluy, mais à cause de
quelques termes de la preface, par lesquels il s'imaginoit y auoir
notte contre les *Abstinens*.

Ce Bref a esté d'autant plus public en l'Ordre, que l'effect d'i-
celuy à paru dans le College des Bernardins de Paris lequel ayant
sa situation en la principale ville du Royaume, & les Religieux
Estrangers y estans admis comme les François, ce qui s'y passe se
respend en tout l'Ordre dedans & dehors la France.

Ce College fondé l'an 1242 par les Abbé & Religieux de Clairuaux, à cause de ce appellé des Bernardins en l'honneur de la memoire de Sainct Bernard premier Abbé de Clairuaux en l'an 1340.
ayant esté acquis par le Chapitre general, il y a eu par la Bulle
cy-dessus rapportée du Pape Benoist XII. des Reglemens de ce
College dans lequel l'institution des Officiers a esté declarée par
la mesme Bulle appartenir au Chapitre general, *Et quia decet &*
expedit vt inter studia cætera Parisiense refloreat, & luge sine inter-
missionis dispendio habeatur, statuimus & Ordinamus, quod in eodem
studio Parisiensi deputentur Magistri Baccha Laurei & Lectores Bi-
bliæ ac Prouisores Cellerarij & alij Officiales, per Ordinis Capitulum
Generale, vn des motifs a esté, que par autre clause de la mesme
Bulle il est dit, *ad studium Parisiense, quod est cæteris præcipuum*
& fons omnium studiorum, indistinctè mittantur ex omnium natio-
ne, ce qui est l'assignat fait par la Bulle, des Monasteres de certai-
nes Prouinces de l'Ordre à certains Colleges d'iceluy, sur tous
lesquels le College de Paris est le College general de tout l'Ordre en toute la Chrestienté.

D. de la production
principale desdits
VVyart & Tede-
nat.

E. de la production
de M. l'Abbé de
Cisteaux.

LXXIX.

Et comme chacun des autres Colleges de l'Ordre est soubs la direction de quelque notable Abbé, ce College de Paris estant la maison commune de tout l'Ordre, est sous la direction ou superiorité de l'Abbé de Cisteaux en qualité de Vice-gerant du Chapitre general.

Si M. le C. de la Roche-Foucaud auoit esté informé de ce fait, ainsi qu'il auroit esté si en sa procedure il n'y auoit pas eu surprise & precipitation des *Abstinents*, il n'auroit point par l'introduction d'iceux en ce College changé l'estat d'iceluy pour l'affecter aux *Abstinents*, & en ce faisant priuer le Chapitre general de sa iurisdiction sur ce College, & en exclure les Estrangers, lesquels quoy que dans l'Obseruance exacte de la Regle, ont perpetuellement esté refusans de se soufmettre à l'Abstinence depuis la dispense.

Sa Sentence n'a eu autre effect au College, que l'institution qu'il y a fait en personne d'Officiers *Abstinents* au lieu de ceux qui y estoient de la Commune Obseruance, ce qui n'a point subsisté, parce que l'authorité du Chapitre general au College ainsi qu'és autres maisons de l'Ordre ayant esté restablie contre tels changemens par vn Bref cy dessus rapporté du 5. Decembre 1635. obtenu à la diligence de Dom Pierre de Niuelle Abbé de Cisteaux, M. le C. de Richelieu en vertu de la qualité qu'il prenoit d'Abbé de Cisteaux en exerçant l'authorité du Chapitre general de l'Ordre, a institué de son chef des Officiers *Abstinents* au College, qui ont accepté cét establissement nouueau, & abandonné celuy qu'ils auoient de M. le C. de la Roche-Foucaud.

Par lequel encores qu'il eust esté ordonné que tous les Escoliers obserueroient l'Abstinence dans le College, neantmoins elle n'y a esté obseruée par les Escoliers de la Commune Obseruance que depuis le 21. Feurier 1636. que feu Dom Charles Boucherat Abbé de Pontigny de la Commune Obseruance, par la carte de visite qu'il a fait au College comme Vicaire general de M. le C. de Richelieu entr'autres choses qu'il a ordonné à l'égard des Escoliers, a dit, *Ieiunia Ordinis obseruabunt, simulque abstinentiam à carnibus, iuxta ordinationem eminentissimi Cardinalis Ducis de Richelieu Cisterij Abbatis.*

D. de la production desd. VVyart & Tedenat.

D'où ensuit, que quand il a esté dit par la Sentence de M. les Prelats Deleguez, que celle de M. le C. de la Roche-Foucaud *demeurera confirmée és chefs esquels se trouue auoir esté executée & les conditions portées par icelle accomplies seulement, sçauoir est au College des Bernardins de Paris.*

*Il a esté implicitement ordonné que s'il n'y auoit point d'execution de cette Sentence, ny d'accomplissement des conditions portées par icelle, au College des Bernardins de Paris, elle demeureroit infirmée pour ce Chef comme elle a esté pour tous les autres par la Sentence de M. les Deleguez.

Partant puis qu'il est certain que cette execution & cet accomplissement des conditions ne sont point arriuez M. les Deleguez n'ayans confirmé ce qui auroit esté fait au College pour les *Abstinens* qu'en tant qu'il auoit esté en execution de la sentence de M. le C. de la Roche-Foucauld, & non point des Ordonnances de M. le C. de Richelieu, dont il y auoit appel, & lesquelles ont esté infirmées par la sentence de M. les Deleguez, le changement fait au College par l'introduction des *Abstinens* aboly par le susdit Bref du 5. Decembre 1655. la encores esté par la sentence de M. les Deleguez.

Ce qui a d'abondant esté fait par le Bref subsequent du 1. Feurier, 1647. en ce que tout ce qui estoit Ordonné pour l'Abstinence par la sentence de M. les Deleguez, autant en ce qui est du College que du surplus, n'estant que par prouision en attendant la declaration du Pape sur le point de l'Abstinence, par ce second Bref, il a esté dit *circa esum Carnium* (ce qui comprend toutes les circonstances & dependances du trouble arriué dans l'Ordre pour l'Abstinence) *seruetur vt antè sententiam per dictos iudices laxare seruabatur*, ce qui est expliqué cy-dessus.

Quoy que par le moyen de ce Bref, qui n'a esté qu'vne reiteration de ce que le Saint Siege auoit decidé par la Bulle de l'Abbé de Cisteaux du 29. Nouembre 1645. l'estat du College des Bernardins de Paris deust estre tel qu'il estoit auant l'introduction des *Abstinens*, pour y auoir en ce College des Escoliers non seulement de toutes Nations mais aussi de l'vne & de l'autre Obseruance de l'Ordre ; & pareillement des Officiers de l'vne ou de l'autre Obseruance ou de toutes les deux indifferemment, ainsi qu'il seroit auisé par le Chapitre General, ou en temps de Cessation d'iceluy par l'Abbé de Cisteaux.

Neantmoins l'affection & discretion de l'Abbé de Cisteaux & des quatre premiers Peres enuers les *Abstinens* depuis ce Bref comme auparauant a esté iusques à ce point, qu'au lieu d'vser de leur droict d'enuoyer des Religieux de la Commune Obseruance de leurs Monasteres estudier au College des Bernardins auec faculté d'y continuer l'vsage de chair dans lequel ils auroient esté eleuez, il y a eu sur la remonstrance faite à l'Abbé de Cisteaux par les *Abstinens*,

qu'il

qu'il ny auoit quafi plus d'Ecoliers en ce College (ce qui prouë-
noit de ce qu'auparauant ce Bref ceux de la Commune Obferuance n'y eftoient plus receus qu'à la charge de l'Abftinence) l'Abbé
de Cifteaux apres en auoir communiqué auec les quatre premiers
Peres, par miffiue du 26. Iuillet 1647. (enuiron fix mois apres
le Bref) refponfiue à celle de l'Abbé de Prieres, luy a mandé que
pour rédre ce College auffi celebre qu'il eftoit au temps precedent,
qui eft à dire auant l'Ordonnance de M. le C. de Richelieu d'injonction à tous les Efcoliers d'obferuer l'Abftinence (depuis lequel changement ce College ne peut pas auoir efté floriffant ainfi que fe vantent les *Abftinents*, puifque par leur propre tefmoigna-
ge il n'y auoit comme plus d'ecoliers) il n'y auoit point d'autre
expedient, que d'y laiffer la liberté de l'vfage de chair és jours permis en l'Ordre aux Efcoliers de la Commune Obferuance, qui feroient au furplus foubmis à toute la police du College, en laquelle il n'y a rien qui ne foit de la Commune Obferuance & de la police generale de l'Ordre.

Surquoy le Vicaire general de l'Ordre fur les *Abftinents* ayant
eu permiffion de faire vne affemblée elle a efté tenuë en l'Abbaye
de Prully le 15. Octobre 1647. en laquelle les *Abftinents* ont con-
fenty que les Religieux de la Cómune Obferuance euffent l'vfage
de la difpenfe dans le College des Bernardins, ce qui a efté executé
en fuite, & il y a eu dans le College grand nombre d'Efcoliers
comme auparauant l'introduction des *Abftinents*.

Ce qui eft appellé par les *Abftinents* la fuppreffion violente de
l'eftroite Obferuance dans ce College, neantmoins c'eft de leur
confentement que par cette voye il y eft retourné des Efcoliers, la
liberté de l'Abftinence n'y a point efté empefchée par celle de la
difpenfe, hors l'vfage de chair ceux de la Commune Obferuance
ont vefcu comme les *Abftinents*, l'Abbé de Cifteaux & les quatre
premiers Peres auroient pû auec Iuftice, apres les decifions du
Saint Siege, enuoyer des Efcoliers au College pour y viure dans
la Commune Obferuance, ils ont eu la moderation d'vfer de ce
droict auec le gré des *Abftinents*, qui n'ont pas laiffé d'eftre maintenus & conferuez és Offices du College, efquels des Religieux
de la Commune Obferuance auroient pû eftre employez comme
les *Abftinents*, partant leur appel comme d'abus au prefent procez,
de la fuppofée extinction & fuppreffion de l'eftroite Obferuance
dans le College des Bernardins, eft vne calomnieufe ingratitude.

Laquelle a efté preuenuë de mauuaife foy, en ce que dans

X

T. De la produ-
ction principale des
Abftinents.

Contredits defdits
Vvyart & Tedenat,
fol. 245. & fuiuans.

l'Aſſemblée de Prully faiſans d'vne part le conſentement cy-deſſus
rapporté, ils ont d'autre part conſtitué des Procureurs pour paſſer
en cette Ville de Paris, ainſi qu'il a eſté fait le 21. du meſme mois
d'Octobre 1647. la proteſtation, de laquelle il a eſté parlé cy-
deſſus, contre ce conſentement, & tous autres actes qui auoient
eſté & pourroient eſtre faits par les *Abſtinents* auec l'Abbé de Ciſteaux & les quatre premiers Peres.

Et ce par crainte (diſent les *Abſtinents*) d'eſtre moleſtez en leur
Obſeruance, dequoy tant s'en faut qu'il y euſt ſubiet de ſe deſier,
qu'il y auoit tout apparencence du contraire, puis que dans l'année precedente en vne Aſſemblée de l'Abbé de Ciſteaux & des
quatre premiers Peres à Cleruaux, les *Abſtinents* auoient eu les Vicariats de l'Ordre en quatre diuerſes Prouinces ſur les Monaſteres
de la Commune Obſeruance, ſçauoir l'Abbé de Prieres en Breta-
gne, l'Abbé de Beaubec en Normandie, l'Abbé de l'Eſtoile, qui
eſt à preſent l'Abbé de la Charmoye, en Berry, & l'Abbé de la Colombe en Poictou.

En continuant au particulier du College des Bernardins, l'Abbé de Ciſteaux y a inſtitué le 15. Nouembre 1647. l'Abbé de la
Charmoye Prouiſeur, & le 1. de Ianuier 1649. Dom Pierre Gautier Procureur, & entre ces deux temps le 14. May 1648. l'Abbé de Ciſteaux a viſité le College, & y a fait & laiſſé ſa carte de
viſite, acceptée & executée par les *Abſtinents*.

Ce ne ſont pas les premieres reconoiſſances qu'ils ont fait au
College, de l'Abbé de Ciſteaux & des quatre premieres Peres,
nonobſtant qu'ils ſoient de la Commune Obſeruance, depuis la
Sentence de M. les Deleguez il y en a eu vne publique & ſolemnelle, en la ceremonie de la benediction Abbatiale de l'Abbé de
Ciſteaux, aſſiſté des Abbez de Pontigny & Clairuaux derniers decedez, en preſence de pluſieurs Prelats & autres perſonnes tres-
qualifiées, en l'Egliſe du College l'an 1646.

Ces Exemples, auſquels pluſieurs autres pourroient eſtre adjoû-
tez, de la bien-veillance & eſtime de l'Abbé de Ciſteaux & des
quatre premiers Peres enuers les *Abſtinents*, n'empeſchent pas que
dans leurs eſcrits en ce Procez, par vne repetition affectée, pour
eſmouuoir plus ſouuent en leur faueur ainſi qu'ils preſument, ce
qui ne peut faire impreſſion aux Iuges qui ne croyent pas les pa-
roles s'ils ne voyent les preuues, ils ne ſe plaignent d'entrepriſes
& d'oppreſſions de la part de l'Abbé de Ciſteaux & des quatre premiers Peres pour eſtouffer la reforme, c'eſt la plus brefue de pluſieurs Phraſes dont ils vſent pour ſuppoſer vn attentat iniurieux

*T. de la production
principale des Abſti-
nents.*

*Contredits deſdits
Vvyart & Tedenat,
fol. 246. & ſuiuans*

*H. de la production
principale deſdits
Vvyart & Tedenat*

de deſtruction de leur Obſeruance, & comme les Iuſtifications
du contraire les obligent à verifier leur faict, pour y donner couleur ils mettent en auant vn poinct qui eſt à leur deſ-auantage.

C'eſt la vexation qu'ils exercent contre Dom François Barthelemy Thibouſt, ancien Religieux de leur Obſeruance en l'Abbaye des Vaux de Cernay, en laquelle durant pluſieurs années
qu'il a eſté Celerier & Procureur ayant augmenté la Menſe Conuentuelle en fonds & en reuenu, & fait pluſieurs reparations &
decorations en l'Egliſe, ayant crû qu'vne partie de la fidelité qu'il
deuoit à ſa profeſſion, eſtoit de ne pas ſouffrir que les deniers de
ſon maniment fuſſent diuertis par ceux qui predominent entre les
Abſtinents, pour eſtre employez aux deſpenſes ſecrettes de leur party, le Vicaire General de l'Ordre ſur les *Abſtinents* la deſtitué de
ſon Office, dont ayant appellé à l'Abbé de Clairuaux Pere & Superieur immediat de l'Abbaye des Vaux de Cernay, il s'eſt volontairement departy pour le bien de Paix, & de l'Office & de
l'appel, & le feu l'Abbé de Clairuaux ſon Superieur qui le co-
gnoiſſoit pour vn Religieux qui auoit bien merité, la inſtitué
Prieur en la meſme Abbaye des Vaux de Cernay, de laquelle
inſtitution quelques particuliers Religieux de cette Abbaye ſoy
diſans le Conuent d'icelle ont appellé à l'Abbé de Ciſteaux, & le
pretexte de leur appel a eſté que ce Religieux n'auoit pas rendu ou
acheué de rendre ſes comptes de Celerier, en quoy il n'eſtoit point
en demeure, ce qui s'eſt trouué tellement vray, & que l'appel
ſimple de ces particuliers Religieux eſtoit vne perſecution par
complaiſance enuers les Chefs du party de l'Abſtinence, meſcon-
tents de ce Prieur pour la cauſe ſuſdite, que le different ayant eſté
porté en la Cour par ces particuliers, & auec eux le ſoy diſant Procureur General des *Abſtinents* s'eſtant ioint en cauſe, le Prieur a
eſté maintenu par prouiſion en ſon office par deux Arreſts auec
grande cognoiſſance de cauſe, deſquels l'effect a eſté eludé, par le
moyen de ce que l'Abbé de la Charmoye Vicaire General ſur les
Abſtinents, apres que durant pluſieurs années l'Abbaye des Vaux
de Cernay n'a point eſté viſitée, ſelon qu'elle auroit deu eſtre par
les Vicaires Generaux de leur Obſeruance, y eſt allé faire viſite
depuis deux ans, & a ordonné que le Prieur rendroit pardeuant
luy ſes comptes, & cependant luy a interdit les fonctions de ſa
charge, & y a commis vn pretendu ſous Prieur, dont le Prieur
eſt appellant comme d'abus en la Cour, & ſur cét appel, qui n'eſt
pas ioint au preſent procez, l'Abbé de la Charmoye intimé en ſon
nom, non pour empeſcher ou eſloigner par le Prieur la reddition

de ſes comptes, leſquels il a offert de rendre deuant telle perſonne qu'il plairoit à la Cour, n'eſtant pas iuſte que l'Abbé de la Char-moye ſoit ſon Iuge eſtant ſa partie, dautant que outre la ſuſdite intimation en ſon nom, non ſeulement l'Abbé de la Charmoye eſt l'vn des *Abſtinents* qui ſont tous au preſent procez appellans comme d'abus de l'inſtitution ſuſd. du Prieur des Vaux de Cer-nay, qui n'eſt point intimé ny en aucune autre qualité partie en ce Procez, mais de plus l'Abbé de la Charmoye eſt l'vn des *Abſti-nents* nommez en la requeſte dont il eſt parlé cy-apres, preſentée à l'Aſſemblée Generale du Clergé de France auec le *Liure de l'Abbé de Prieres*, dans lequel il y a vn Chapitre entier, qui eſt le L X X I. de la I. partie d'iceluy, de calomnie & diffamation contre le Prieur des Vaux de Cernay.

Vn autre fait de la plainte que font les *Abſtinents*, que l'Abbé de Ciſteaux & les quatre premiers Peres ayent entrepris de de-ſtruire ce que les *Abſtinents* appellent la reforme, eſt en ce qu'ils diſent y auoir eu contrauention à la promeſſe qui leur auroit eſté (diſent ils)faite lors de la ſuſd. aſſemblée de Ciſteaux du 16. Iuin 1646. que moyennant que les *Abſtinents* retireroient en leurs Monaſteres les Religieux de leur Obſeruance qui auoient fait profeſſion en l'Abbaye de Ciſteaux du temps de M. le C. de Riche-lieu, l'Abbé de Ciſteaux & les quatre premiers Peres ne renuoye-roient point és Monaſteres dans leſquels les *Abſtinents* auoient eſté eſtablis durant le meſme temps, les Religieux profez d'iceux, pla-cez en d'autres Monaſteres qui les auoient receu, ne pouuants pas contre vne ſi haute puiſſance maintenir le droict qu'ils auoient ſelon la police de l'Ordre, de ne pouuoit eſtre chargez de Religieux profez d'autres Monaſteres, au preiudice dequoy ces Religieux eſtoient retournez és Monaſteres de leurs profeſſions occupez par les *Abſtinents*, qui ont pris à la décharge de l'Abbaye de Ciſteaux les *Abſtinents* profez d'icelle.

Surquoy la conuiction de ſuppoſition des *Abſtinents*, en la cir-conſtance principale de ce fait, qui eſt la pretenduë promeſſe de ne point renuoyer les Religieux de la Commune Obſeruance és Mo-naſteres de leurs profeſſions, tenus par les *Abſtinents*, eſt certaine par la lecture des procurations reciproques paſſées à Ciſteaux le 16. Iuin 1646. par vne des deux qui eſt celle des cinq Abbez *Abſtinents* deputez de toute leur Obſeruance, il eſt porté que les *Abſtinents* Profez de Ciſteaux ſe retireroient en d'autres Monaſteres de l'A-ſtinence, mais il n'eſt point dit en aucune des deux procurations que les Religieux de la Commune Obſeruance ne pourroient re-

tourner

tournier és Monasteres de leur profession (laquelle leur y a acquis droict de stabilité) esquels sont les *Abstinents*, & ainsi n'y ayant point eu de promesse, il n'y a pas eu de contrauention, Et ce seroit vne pretension d'autant plus contraire à la verité, qu'il ne seroit pas mesme vray semblable, que de deux faits relatifs l'vn à l'autre, par lesquels les *Abstinents* disent y auoit vn contract Synallagmatique de *facio ent facias*, l'vn eust esté par escrit, & l'autre qui en auroit esté la condition fust demeuré en simple parole.

Par dependence de ce fait les *Abstinents* adioustent, que pour se exempter d'auoir auec eux ces mesmes Religieux de la Commune Obseruance (de quelques vns desquels ils disent que les mœurs auroient esté reprehensibles, dont n'y ayant point de preue & non pas seulement de plainte, c'est vn faict qui se resoult de soy-mesme) ils ont conuenu auec eux de leurs payer des pensions, qui ne sont point grosses comme disent les *Abstinents*, mais proportionnées à ce qui est necessaire pour la subsistance d'vn Religieux, & que quelques vns des Superieurs Majeurs les ayans appellé en leurs Monasteres ou enuoyé en d'autres (ce qu'ils ont fait Officieusement pour les *Abstinents*) leurs pensions les ont suiuy, ce qui est iuste parce qu'ils sont surnumeraires és Monasteres esquels ils resident autres que ceux de leur profession, & cela est conforme au decret du Chapitre general de 1618. auquel & à celuy de 1628. pour monstrer qu'il n'a point esté contreuenu par le restablissement susd. des Religieux de la Commune Obseruance és Monasteres de leur profession, comme pretendent les *Abstinents* par leur inuentaire sous la cotte X. par omission & supposition contre les decrets par eux alleguez de ces deux Chapitres generaux, La Cour est suppliée de voir les contredits desdits Wyart & Tedenat és feuillets 279. & suiuans.

Contre lesquels au feuillet 289. sont cottez les personnes & les lieux de huict Religieux de la Commune Obseruance profez des Monasteres dont est question, que l'Abbé de Cisteaux a tiré d'iceux, & ausquels il a doné employ en des Monasteres de la Commune Obseruance, sans aucune pension des Monasteres de leur profession, ny autre participation à la Mense conuentuelle d'iceux, ce qui a esté vne descharge pour les *Abstinents*, qui ont encores eu pareille gratification pour autres Monasteres és personnes d'autres Religieux.

Ce qui a esté remarqué cy-dessus de la procuration des cinq Abbez *Abstinents* du 16. Iuin 1646. que par article exprez il a esté accordé que les *Abstinents* profez de Cisteaux seroient retirez en

des Monasteres de l'Abstinence, & ce sans aucune stipulation de
pension, fait voir que cét article a esté l'vne des conditions du traité
fait entre les deux Obseruances, pour desinteresser par ce moyen
l'Abbaye de Cisteaux d'vne partie des pertes qu'elle auoit souffert
par le fait des *Abstinents*.

Lesquels pour conuaincre de calomnie par eux mesmes, en ce
qu'ils supposent que leurs profez de Cisteaux ayent esté chassez, il
suffit de remarquer en cét endroit la preuue qu'il y a de leur retraitte volontaire, par les termes de la missiue du 10. Iuillet 1646. (VII.
piece) de la cotte E. de la production de M. l'Abbé de Cisteaux,
à luy escrite de Paris par Dom Placide Petit Procureur du College des Bernardins, & soy-disant Procureur general des *Abstinents*,
lequel sur le sujet du passage par Paris de quelques vns des *Abstinents* profez de Cisteaux pour aller és Monasteres ou ils estoient
distribuez, à rendu ce tesmoignage de la verité à la confusion des
Abstinents, *Vous leur auez si charitablement & si abondamment pouueu de tout, que ie ne crois pas qu'ils ayent besoin de rien, ils en tesmoignent
les ressentimens qu'ils doiuent par tout, & nous vous en sommes tous entierement obligez.*

Des seize *Abstinents* profez de Cisteaux y en ayant iusques au
nombre de huict, desquels les *Abstinents* n'estoient plus chargez,
puisque par compensation l'Abbé de Cisteaux auoit retiré des
Monasteres de l'Abstinence pareil nombre de Religieux de la
Commune Obseruance, sans charge de pension sur les maisons de
leur profession.

Les autres huict *Abstinents*, desquels on dit qu'il y en auoit vn
decedé, receuoient leur subsistance de trente Monasteres qui
estoient alors & sont encores à present de l'Abstinence, ce qui ne
pouuoit leur estre onereux.

Et si les *Abstinents* auoient preueu en estre incommodez, ils
ne s'en seroient pas chargez purement & simplement, ainsi qu'ils
ont fait en l'Assemblée de Cisteaux du 16. Iuin 1646.

Depuis iusques en Mars 1650. qu'ils ont commencé à prendre des pensions pour leurs profez de Cisteaux, ils ne seroient pas
demeurez pendant plus de trois ans & demy dans le silence.

Ce qui monstre la malignité des *Abstinents*, d'auoir supposé sur
la fin du fueillet 71. de leur inuentaire de production principale,
que les Monasteres de l'Abstinence commençoient à auoir de la
peine à nourrir leurs profez de Cisteaux, *à raison des necessitez que
lesdits Superieurs leurs faisoient souffrir.*

Quelles estoient ces necessitez, il n'y en a aucun fait cotté en

quelque lieu que ce soit des escrits des *Abstinents*, la plus grande
charité qu'on puisse auoir pour eux sur ce point, est de dire que
c'est vne supposition qui a coulé comme plusieurs autres de
la plume de l'Abbé de Prieres.

Lequel par le discours des cottes X. Y. Z. de l'inuentaire de
la mesme production, a distingué en trois chefs de narration
pour la construire à ses fins & en sa maniere ce qu'il a fait sous le
nom des *Abstinents* durant les années 1649. & 50. iusques en Feurier 1651. pour vn nouueau trouble de l'Ordre, & remettre en
contestation tout ce qui auoit esté terminé dans les années precedentes, par le Saint Siege, par le Roy en son Conseil d'Estat,
& par le grand Conseil.

En Voicy le fait au vray, tel qu'il resulte des pieces qui sont
au procez selon l'Ordre des dattes d'icelles.

11. Ianuier 1649. Dom Pierre Gautier Abstinent profez de
Cisteaux a esté institué Procureur au College des Bernardins par
l'Abbé de Cisteaux, qui auroit pû mettre en la mesme charge vn
Religieux de la Commune Obseruance, preuue de sa predilection
pour les *Abstinents*, & de la reconoissance par eux du restablissement du droict de l'Abbé de Cisteaux au College des Bernardins,
contre les Sentences de M. le C. de la Roche-Foucauld.

14. Iuin 1649. missiue de l'Abbé de Barbery Abstinent à Gautier, *Ie me reiouys bien fort que M. nostre Reuerendissime aye fait vn
si bon choix de vostre personne pour le bien du College.*

17. Aoust 1649. Missiue de l'Abbé de Cisteaux, responsiue à
vne precedente de Gautier, tendante à estre excusé à cause de
son indisposition, l'Abbé de Cisteaux luy respond, *Si vostre in-
commodité est si grande ie vous excuseray de vostre charge,* cela monstre que Gautier ne s'excusoit pas pour estre surchargé d'affaires
par l'Abbé de Cisteaux, comme suppose l'Abbé de Prieres en
termes generaux sans rien specifier ainsi qu'en tous les faits qu'il
inuente, & s'il estoit vray que l'Abbé de Cisteaux eust chargé
Gautier de tant d'affaires, ce seroit vne marque de la confiance
qu'il auoit aux *Abstinents.*

19. Aoust 1649. Missiue de Gautier de remerciement à l'Abbé
de Cisteaux, *Si ie croyois que ce fust vne chose necessaire d'vser de com-
plimens auec vous ie vous ferois mille remercimens de l'honneur que vous
m'auez fait de me donner cét employ, qui m'oblige outre le deuoir de
ma profession à vous rendre toute ma vie tous les seruices qui me seront
possibles, &c. Il n'y a aussi que la seule incapacité & impossibilité qui
m'oblige à vous prier de me décharger d'vn office que ie ne puis exercer.*

*H. de la production
principale desdits
VVyart & Tede-
nat.*

*S. de la production
de M. l'Abbé de
Cisteaux.*

*Y. de la production
principale des Ab-
stinents.*

*H. de la produ-
ction principale
desd. VVyart &
Tedenat.*

11. Septembre 1649. Autre missiue de l'Abbé de Cisteaux, de responce à vne autre de Gautier, *Quant à ce que vous m'écriuez touchant vostre charge, vous y deuez penser meurement, & examiner vos forces, si toutefois vous persistez à vous en vouloir excuser, ie pouruoy-ray, & au lieu de vostre residence & employ.*

6. Decembre 1649. Missiue de l'Abbé de Cisteaux à l'Abbé de Prieres, qui luy auoit escrit en Nouembre precedent. Trois chefs en cette Missiue.

I. Que l'Abbé de Cisteaux ne peut permettre vne Assemblée pour laquelle les *Abstinents* luy demandoient permission. L'Abbé de Prieres en l'inuentaire des *Abstinents* dissimule la raison de ce refus declaré par la Missiue, qui estoit la conuocation prochaine d'vn Chapitre general, y ayant plus de vingt ans qu'il n'auoit esté tenu, lequel ayant esté assemblé en 1651. l'indiction en a esté faite peu apres cette missiue, estant besoin d'vn long temps pour la faire resçauoir en toute la Chrestienté, & venir ensuite de toutes parts à Cisteaux.

II. Que l'Abbé de Chastillon Vicaire general sur les *Abstinents* ayants desiré sa décharge de cette commission, l'Abbé de Cisteaux mande à l'Abbé de Prieres qu'il accorde à l'Abbé de Chastillon ce qu'il souhaittoit, en ce faisant l'Abbé de Cisteaux, sans entrer en discussion de ce qui auroit esté de son pouuoir en cette occasion, ayant seulement témoigné estre disposé à consentir ce qu'on luy demandoit, il n'y a pas eu lieu de dire que l'estroitte Obseruance aye esté battuë en ruïne.

III. L'Abbé de Cisteaux a proposé à l'Abbé de Prieres de le mettre successeur de l'Abbé de Chastillon en ce Vicariat, surquoy l'Abbé de Prieres en l'inuentaire des *Abstinents* parle ainsi de l'Abbé de Cisteaux, *pensant flaiter & gratifier ledit Abbé de Prieres, vanité & ingratitude,* si cela estoit vray l'Abbé de Prieres n'auroit pas deub dire comme il a faict en diuers endroits, que l'Abbé de Cisteaux aye voulu faire perir l'Abstinence, puisque l'Abbé de Prieres estant celuy qui a entrepris la conduite du trouble que cette Obseruance fait dans l'Ordre, auroit esté flatté & gratifié par l'Abbé de Cisteaux.

8. Mars 1650. Missiue de l'Abbé de Cisteaux, responsiue à vne precedente de Gautier, lequel ayant demandé pour les *Abstinents* profez de Cisteaux, desquels il estoit, vne maison ou des pensions, l'Abbé de Cisteaux la renuoyé au traitté de Cisteaux fait par les procurations reciproques du 16. Iuin 1646. apres lequel, cette pretension (qui estoit vn preparatif de procez ainsi que la suitte

X. de la prodnction principale des Abstinents.

Cotte cy-dessus.

a fait voir) n'eſtoit nullement receuable & Gautier n'en a fait
la demande que dans le deſſein qu'il auoit de ſe retirer du College.

En May 1650. les *Abſtinents* ont entrepris de leur authorité pri-
uée de tenir vne Aſſemblée dans l'Abbaye de Foulcarmont, de
laquelle la nullité paroiſt par ce qui a eſté eſtably cy-deſſus, que
les *Abſtinents* n'ont point de droict de s'aſſembler ſans l'authorité
de l'Ordre, dans lequel il n'y a que deux Aſſemblées legitimes,
celle du Chapitre General, & celle de l'Abbé de Ciſteaux & des
quatre premiers Peres.

En cette aſſemblée des *Abſtinents*, l'Abbé de Chaſtillon Vicaire
general ſur les Monaſteres de l'Abſtinence, qui demandoit deſ-
charge de ſa commiſſion à l'Abbé de Ciſteaux, a eſté continué par
les *Abſtinents*, ce qu'ils ont fait ſans pouuoir & ſans exemple, n'ayás
jamais rien fait de ſeblable, les Sentences de M. le C. de la Roche-
Foucauld qui auoit donné l'election d'vn Vicaire general aux *abſtinens* ayans eſté abolies par la Sentence de M. les Deleguez de laquelle le Roy ſeant en ſon Conſeil a ordonné l'execution.

X. de la production
principale des *Abſti-
nents.*

11. May 1650. deux procurations ont eſté paſſées par les *Abſtinents* en leur pretenduë Aſſemblée de Foulcarmont, l'vne *pour
traitter auec le ſieur Abbé de Ciſteaux*, ainſi parlent les *Abſtinents* en
leur Inuentaire, au lieu de dire que leur procuration auroit eſté
pour repreſenter à leurs Superieurs Majeurs ce qu'ils auroient eu
à deſirer d'eux, & par l'autre ils ont conſtitué Gautier leur Procureur, *pour pourſuiure deuant les Iuges ce qui ſeroit neceſſaire*, au cas
diſent ils que les voyes de paix ne reüſſiroient, ce qui monſtre que
leur deſſein eſtoit de faire nouueau trouble dans l'Ordre par procez, & que s'ils auoient eu occaſion de ſe plaindre de leurs Superieurs Majeurs, ils n'en auroient rien diſſimulé, puiſque d'eux-
meſmes ils faiſoient complot d'entrer en procez ſans ſujet.

Cotte cy-deſſus

22. Iuin 1650. Miſſiue de l'Abbé de Ciſteaux à l'Abbé de
Prieres, auquel il a refuſé auec Iuſtice de l'entendre comme deputé de la pretenduë Aſſemblée des *Abſtinents*, laquelle eſtant
nulle, l'Abbé de Ciſteaux auroit fait prejudice aux droits de ſon
Ordre, de faire aucune action qui en fuſt aucunement approbati-
ue, il auroit volontiers eſcouté l'Abbé de Prieres & tout autre
Abſtinent, qui ſeroit venu vers luy en autre maniere.

Cotte Y. de lad. pro-
duction des *Abſti-
nents.*

En Iuillet ou Aouſt 1650. Gautier tant en ſon nom que ſoy diſant auoir procuration des autres *Abſtinents* profez de Ciſteaux,
(ce qui ne pouuoit eſtre au plus que de deux d'iceux, des ſix procurations qui ſont rapportées ny en ayant qu'vne du 12. Iuillet &

Z

vne autre du 7. Aoust, & les autres estans des mois de Septembre
& Octobre en la mesme année) a reïteré la demande à l'Abbé de
Cisteaux, d'vne maison ou de pensions pour les *Abstinents de*
Cisteaux, par le moyen dequoy Gautier se comprenant en cette
demande, selon ce que les *Abstinents* ont dit par leur Inuentaire
fol. 77. *qu'il auoit demandé du pain pour viure pour ses Confreres &*
pour luy, il a tacitement reïteré sa demande d'estre excusé de
la procuration du College.

S. de la production
de M. de Cisteaux.

18. Aoust 1650. Missiue de l'Abbé de Cisteaux à Gautier, auquel il a mandé de venir à Cisteaux pour y receuoir ses ordres, &
auant que partir de mettre entre les mains de Dom Pierre de Lacy,
qui est vn autre Abstinent, pour auoir soin des affaires du College,
les papiers & les clefs que Gautier auoit en qualité de Procureur.

Cette Missiue est relatiue aux trois autres cy-dessus des 17. &
19. Aoust & 10. Septembre 1649. par lesquelles sur la priere de
Gautier d'estre excusé de la charge de Procureur du College, &
l'Abbé de Cisteaux luy ayant rescrit qu'en l'excusant il pouruoi-
roit au lieu de sa residence & employ, en le mandant à Cisteaux
pour receuoir ses Ordres, qui estoit pour sa residence & employ,
il luy a accordé ce qu'il auoit expressément demandé par trois fois,
l'excuse de la charge de Procureur du College.

T. de la production
principale des Ab-
stinents.
Contredits de Vuy-
art & Tedenat.
fol. 297.

29. Aoust 1650. Gautier au lieu d'aller à Cisteaux sur le mandement de son Superieur, a obtenu tant en son nom que de ses
confreres, vne commission du Grand Conseil, & y a fait assigner M. l'Abbé de Cisteaux, aux fins de condemnation à leur
donner vne maison ou des pensions.

Cette action est au fonds insoustenable, pour les raisons qu'il y
en a cy-dessus, & en la forme de la procedure s'il y auoit eu lieu de
l'intenter, elle auroit deu estre au Parlement de Dijon, estant vne
demande de Religieux Profez de l'Abbaye de Cisteaux, contre
l'Abbé de la mesme Abbaye, située dans le ressort du Parlement
de Dijon, duquel l'Abbé de Cisteaux a l'honneur d'estre premier
Conseiller, neantmoins M. l'Abbé de Cisteaux pour abbreger le
circuit d'vne instance sur le conflict de Iurisdiction, apres s'estre
pourueu au Parlement de Dijon, à procedé volontairement au
Grand Conseil.

Cotte cy-dessus.
Contredits cy-
dessus.

Cette poursuite en Iustice par les *Abstinents* profez de Cisteaux
pour auoir maison ou pension, est vne recognoissance que leur
sortie de l'Abbaye de Cisteaux a esté par vne voye canonique,
autrement puisqu'il n'y a rien qui les aye empesché de demander
par Exploict Maison ou pension, quoy qu'ils y fussent mal fon-

dez, ils auroient auffi volontiers deflors appellé comme d'abus, comme ils fe font auifez de faire au prefent procez, de leur retraite de Cifteaux comme de pretenduë Extinction de l'eftroite Obferuance en cette Abbaye, s'il y auoit eu quelque pretexte d'vne telle pretenfion.

Ce qui a fuiuy l'action par eux cy-deffus intentée *au Grand Confeil* par la Commiffion du 29. Aouft 1650. a fait voir que depuis le Bref du 1. Fevrier 1647. s'eftans abftenus de plaider contre leurs Superieurs Majeurs, ils ont en peu de temps entrepris quatre procez à l'encontre d'eux.

Le premier a efté par la fufd. Commiffion du *Grand Confeil* du 29. Aouft 1650.

Le fecond en ce que, le 2. Septembre 1650. il y a eu à la Requefte des *Abftinents* obtention en Cour de Rome, d'vn Bref de delegation de Meffieurs les Euefques de Senlis & de Chaalons ou leurs Officiaux, pour iuger l'appel fimple interjetté au Saint Siege, par actes du 23. Iuin 1644. de la Sentence de M. les deleguez de 13. du mefme mois, par le deffunct Abbé de Clairuaux & autres Abbez & Religieux, lequel appel n'auoit point efté pourfuiuy parce que le grief prouenant de ce qui eftoit prononcé par cette Sentence au profit des *Abftinents*, auoit efté reparé par l'Arreft du Confeil du 5. Avril 1645. & par la Bulle de l'Abbé de Cifteaux du 29. de Nouembre enfuiuant, & par le Bref du 1. Fevrier 1647.

Le troifiefme procez a efté en ce que, le 1. Decembre 1650. l'Abbé de Cifteaux tenant Chapitre dans le College des Bernardins, a declaré qu'ayant efté prié par Gautier auec inftance, de l'excufer de la charge de Procureur du College, & luy ayant accordé cette excufe, il a changé d'auis & refufé d'obeyr, c'eft pourquoy l'Abbé de Cifteaux a inftitué en fon lieu Dom Pierre de Lancy Abftinent, ce que les *Abftinents* ont pris pour deftitution de Gautier, laquelle auroit efté libre à l'Abbé de Cifteaux, les Offices du College, felon le reglement d'iceluy par la Benedictine cy-deffus rapportée du 13. Iuillet 1334. & autres conftitutions de l'Ordre, eftans manuels, fur quoy les *Abftinents* fe font pourueus au Grand Confeil par appel comme d'abus, & comme fi le procedé regulier de l'Abbé de Cifteaux euft efté vne violence, ils ont obtenu par l'Arreft du 3. Decembre 1650. qui a receu l'appel comme d'abus, que deux de Meffieurs les Confeillers du Grand Confeil fe foient tranfportez le mefme iour aud. College, ou aprés auoir pris efclairciffement de ce qui s'eftoit paffé, il y a eu vn fecond arreft le 15. du

I. de la production principale de *Vuyart* & *Tedenat.*

Cotte cy-deffus.

Z. de la production des *Abftinents.* Contredits de *Vuyart* & *Tedenat.* fol. 301.

mefme mois, qui a efté vn prejugé contre Gautier, en ce qu'il n'a pas efté reintegré comme il pretendoit en la procuration du College, laquelle a toufiours efté depuis & eft encores à profent exercée par de Lancy, mais cét arreft a fimplement ordonné que Gautier auroit quelques papiers qu'il demandoit, & qui ne luy eftoient point refufez pourueu qu'il les receuft par les formes neceffaires, lefquels concernoient le compte qu'il auoit à rendre de fa Geftion, en fuite duquel fecond arreft afin qu'il y eut procez verbal de l'execution d'iceluy, M. les Commiffaires font encores venus au College le 16. Decembre 1650.

Entre le troifiefme procez & le quatriefme qui enfuit immediatement, les *Abftinents* ont effayé d'en efmouuoir vn autre contre l'Abbé de Cifteaux par les quatre premiers Peres, ayans par vn acte du 18. Ianuier 1651. denoncé ou plutoft fuppofé au deffunct Abbé de Clairuaux tant pour luy que pour les trois autres premiers Peres de l'Ordre, que l'Abbé de Cifteaux au different qu'il pourfuiuoit au grand Confeil contre iceux *Abftinents*, s'attribuoit des droits au prejudice des quatre premiers Peres, lefquels partant les *Abftinents* ont requis en la perfonne du feu Abbé de Clairuaux *de fe ioindre auec eux pour deffendre les droits Communs*, c'eft le mot capticux & hardy des *Abftinents*, qui ont de plus interpellé l'Abbé de Clairuaux de faire refponfe dans trois iours à leur fommation, à faute dequoy *fon filence feroit pris pour refus*, c'eft l'humilité & la fidelité des reformez de l'Ordre de Cifteaux enuers leurs Superieurs Majeurs.

Le quatriefme procez eft en ce que, le dernier de Fevrier 1651. les *Abftinents* ont prefenté requefte au Confeil priué du Roy, pour trauerfer la pourfuite que l'Abbé de Cifteaux faifoit au Grand Confeil, où il auoit efté affigné par eux, & il eftoit fur le poinct d'auoir Audiance.

L'Abbé de Prieres a dit fol. 79. de l'Inuentaire de la production principale des *Abftinents*, que leur raifon de paffer du Grand Confeil au Confeil priué eftoit, *dautant que fans attribution particuliere le Grand Confeil ne pourroit pas eftre Iuge des Sentences Apoftoliques du fieur Cardinal de la Roche-Foucauld, ny des arrefts du Confeil d'Eftat de fa Maiefté*, ce qui monftre que les mefmes conteftations qui font à iuger en la Cour, font pendantes au Grand Confeil, le pretexte de l'appel comme d'abus que les *Abftinents* y ont porté, eftant qu'ils ont pretendu que l'Abbé de Cifteaux n'auoit pû faire ce dont ils fe plaignoient, au preiudice des Sentences de M. le C. de la Roche-Foucauld, & des Arrefts

par

par eux obtenuë au Conseil les 13. & 20. Decembre 1642. qui auoient ordonné l'execution de ces Sentences.

L'Exposé de leur requeste au priué Conseil est vn libelle iniurieux contre l'Ordre de Cisteaux en general, & contre l'Abbé de Cisteaux en particulier.

Les Conclusions ont esté, à ce que sans auoir esgard à l'Arrest du Conseil du 5. Avril 1645. Il fut ordonné que la Sentence de M. le C. de la Roche-Foucauld du 20. Aoust 1635. (que les *Abstinens* ont nommé prouisionnelle) sortiroit son plein & entier effect, iusques à ce que la Sentence du 27. Iuillet 1634. (que les *Abstinens* nomment definitiue) peut estre executée, & en tant que besoin seroit que les *Abstinens* fussent receus appellans comme d'abus de la Sentence de M. les deleguez du 13. Iuin 1644. en ce que par icelle les *Abstinens* se trouuoient lesez, ou du moins que les parties fussent renuoyées au Grand Conseil, pour y proceder sur cette requeste comme ils eussent pû faire auparauant l'Arrest du Conseil d'Estat du 5. Avril 1645. c'est à dire que par ce moyen tout ce qui auoit esté fait en suite de cét Arrest par le Pape & par le Roy fut aneanty, pour donner liberté aux *Abstinens* de contester au Grand Conseil pour sçauoir qu'elles Sentences preuaudroient, ou de M. le C. de la Roche-Foucauld, ou de M. les deleguez.

Sur les Conclusions de cette requeste il y a cinq obseruations à faire.

I. L'artifice & l'obstination des *Abstinens*, pour troubler incessamment l'Ordre par procez.

II. Qu'au commencement & à la fin ils ont demandé au Conseil Priué la Cassation de l'Arrest du Conseil d'Estat du 5. Avril 1645. recognoissans ce qui est certain, que cét Arrest subsistant ainsi qu'il subsiste, lequel a ordonné l'execution de la Sentence de M. les deleguez, infirmatiue de celles de M. le C. de la Roche-Foucauld, il n'y a pas lieu de les faire valoir, sans d'estruire (ce qui ne se peut) ce que le Roy seant en son Conseil d'Estat a estably par l'Arrest du 5. Avril 1645. qui est le contraire de tout ce que les *Abstinens* (qui se sont pourueus contre cét Arrest au Conseil) pretendent auiourd'huy au Parlement.

III. Les *Abstinens* ont demandé au Conseil l'execution des Sentences de M. le C. de la Roche-Foucauld, tellement que la question de sçauoir s'il y a lieu ou non à l'execution de ces Sentences, est pendante indecise au Conseil, où il n'y a point de peremption d'instance.

I V. Les *Abſtinents* ont appéllé comme d'abus au Conſeil de la Sentence de M. les Deleguez, lequel appel comme d'abus qu'ils ont depuis interjetté au Parlement, eſt encore pendant au Conſeil.

V. Les *Abſtinents* ayans demandé au Conſeil Priué le renuoy au Grand Conſeil, pour y proceder comme auparauant l'Arreſt du Conſeil d'Eſtat du 5. Avril 1645. Ils ſe ſont par ce moyen pourveus implicitement au Conſeil contre tout ce qui a eſté fait pour l'Ordre de Ciſteaux qui ſoit contraire à leurs pretenſions, ce qui comprend les appellations comme d'abus qu'ils ont interietté au Parlement, de tout ce qui eſt poſterieur à l'Arreſt du 5. Avril 1645.

I. de la premiere production deſd. VVyart & Tedenat.

A. de la production des Abſtinents.

Contredits deſdits Vvyart & Tedenat, fol. 307. & ſuiuans

Sur cette requeſte des *Abſtinents* au Conſeil, l'Arreſt interuenu le dernier Fevrier 1651. a ordonné qu'aux fins de la requeſte l'Abbé de Ciſteaux ſeroit aſſigné au Conſeil au premier iour, pour eſtre les parties ſommairement oüyes pardéuant vn de Meſſieurs les Maiſtres des Requeſtes, pour à ſon rapport au Conſeil, apres auoir communiqué auec quatre de Meſſieurs les Conſeillers d'Eſtat, vn Docteur de Sorbonne, & trois Religieux de diuers Ordres, tous nommez en l'Arreſt, que ſa Majeſté a commis & deputez à cét effet, eſtre pourueu aux parties ainſi que de raiſon, & cependant que toutes pourſuites ſurſeoiroient au grand Conſeil iuſques à ce qu'autrement il en euſt eſté ordonné.

Deux remarques ſont à faire en cét Arreſt.

I. Que les *Abſtinents* ont fait ordonner par iceluy aſſignation au ſeul Abbé de Ciſteaux, & non aux quatre premiers Peres, par-ce que les *Abſtinents* preſumoient encores alors que leur pretenduë ſommation du 18. Ianuier 1651. exciteroit diuiſion entre l'Abbé de Ciſteaux & les quatre premiers Peres, mais les *Abſtinents* s'eſtans veus fruſtrez de cette preſomption, qui eſtoit mal conceuë & mal ſeante (pour ne pas vſer d'autres termes) en des Religieux qui ſe diſent reformez, ils ont en vertu de cét Arreſt fait aſſigner au Conſeil, non ſeulement l'Abbé de Ciſteaux, mais auſſi les quatre premiers Peres, quoy que non dénommez ny deſignez en l'Arreſt.

II. Par cét Arreſt y ayant ſurſeance des inſtances pendantes au grand Conſeil, elles n'ont pû perir pour n'auoir pas eſté depuis pourſuiuies, parce que la iuriſdiction du grand Conſeil a eſté *in ſuſpenſo* pour ce regard au moyen de l'Arreſt du Priué Conſeil.

Ces quatre procez entrepris par les *Abſtinents*, ont eſté principalement afin d'empeſcher l'aſſemblée du Chapitre general de l'Ordre, laquelle dés le mois de Iuin 1651. eſtoit conuoquée pour le mois de May 1651. qui eſt le temps auquel depuis plus de deux ſiecles on a accouſtumé de le tenir, & lequel approchant alors de l'aſſignation donnée à l'Abbé de Ciſteaux au mois de Mars de la meſme année, Il a repreſenté à M. les Commiſſaires du Conſeil la neceſſité l'importance & la preparation faite pour tenir le Chapitre general, que les Eſtrangers eſtoient par les chemins pour y venir, & qu'ils auoient deja eſté eſbranlez de ſe ſequeſtrer de l'Ordre, lors qu'en 1634. pluſieurs eſtans venus pour le Chapitre general, trouuerent que l'Aſſemblée en fut empeſchée par le moyen de ce que l'Abbé de Ciſteaux & les quatre premiers Peres eurent en meſme temps commandement du Roy par Lettres de Cachet, de venir vers M. le C. de la Roche-Foucauld, ce qui fut cauſe qu'il n'y eut point de Chapitre general.

Sur ces conſiderations, & qu'il y auoit lieu deſperer que les differents renouuellez par les *Abſtinents* ſeroient terminez au Chapitre general, Il fut aduiſé par M. les Commiſſaires du Conſeil, de ſurſeoir toutes procedures en execution de l'Arreſt du dernier de Feurier 1651 iuſques apres le Chapitre general.

Lequel a eſté tenu dans l'Abbaye de Ciſteaux *more ſolito*, commencé le 8. May 1651. & finy dans le meſme mois.

Les Abbez *Abſtinents* y ont aſſiſté, l'Abbé de Prieres y a enuoyé ſon excuſe.

Encores que dans tout l'Ordre il n'y aye qu'enuiron trente Monaſteres de l'Abſtinence, tant de l'vn que de l'autre ſexe, qui ſont tous en France, & qu'il y aye dans le Royaume plus de trois cens Abbayes de l'Ordre, deſquelles celles où les *Abſtinents* ſont eſtablis ſont partie, & que hors le Royaume il y aye enuiron deux mille Abbayes de l'Ordre, ſans comprendre celles qui ont eſté abolies dans les pays eſquels les forces temporelles de l'hereſie ont preualu contre l'Egliſe, neantmoins les *Abſtinents* ont eu cét aduantage, que de vingt-cinq diffiniteurs qu'il y a d'ordinaire dans le Chapitre general, il y a eu en celuy-cy ſix Abbez *Abſtinents*, & de dix-huict Officiers qu'il y a dans le Chapitre general, qui ſont autres que les deffiniteurs, il y a eu trois Abbés & vn Prieur de l'Abſtinence, ce qui monſtre la calomnie de leur ſuppoſition, que dans ce Chapitre general on aye conſpiré pour les opprimer.

Dans le cahier qui eſt ſous la cotte L. de la production deſd. Wyart & Tedenat, contenant les principaux actes de ce Chapitre general, qui ſont tous pour entretenir la diſcipline reguliere dans l'Ordre, & pour la reſtablir és Monaſteres eſquels il pourroit y en

L. de là production principale deſd. *VVyart* & *Tedenat.*
B. de la production principale des *Abſtinents.*
Contredits deſdits *Vuyart* & *Tedenat,* fol. 310. & ſuiuans.

auoir quelque defcheance, il y a X L V. articles, Les VIII. premiers font ordinaires en tous les Chapitres generaux, ceux qui
fuiuent depuis le I X. iufques au X X V I I. inclufiuement font
definitions generales, ceux d'apres depuis le *X X V I I I.* iufques
au X L V. & dernier auffi inclufiuement font definitions fpe-
ciales.

Entre tous lefquels articles font à confiderer ceux cottez cy-
apres, concernants les inftances d'entre les parties en ce different.

I. Eft le I X. article commençant, *Ad extinguendam veterum li-*
tium memoriam, & ftabiliendam perpetuam inter filios obedientiæ pa-
cem, &c. & portant lecture publication & enregiftrement du
Bref fufdit du Pape Innocent X. du 1. Fevrier 1647. decerné fur
les fufd. procurations reciproques du 16. Iuin 1646.

I I. Eft le X. article, par lequel apres que le Saint Siege a decidé que l'Abftinence n'eft pas neceffaire pour la reformation de
l'Ordre, le Chapitre general a ordonné tout ce qui eftoit iufte
pour le mefme effect, par decret en ces termes, *Strictiorem Obfer-*
uantiam, excepta fola à carnibus abftinentia, cum legitimis vfibus à
fummis Pontificibus & capitulis generalibus legitimè introductis, omnes
in pofterum ita amplectantur, vt quicumque extra cafum neceffitatis fin-
gularis, præter efum carnium ab Ordine virtute priuilegiorum concef-
fum, & alios vfus legitimos à fummis pontificibus & Capitulis Ge-
neralibus legitimè vt præfatum eft troductos, difpenfationem aliam
vfurpare tentauerit, hoc ipfo veniat iure ftabilitatis fuæ priuandus, &
de facto fit tranfmittendus, fi eiufmodi Obferuantiæ progreffum vel ver-
bis vel exemplis impedire ter monitus non defierit. Ce qui eft conforme à la Sentence de M. les Deleguez du 13. Iuin 1644. laquelle a ordonné l'exacte & eftroitte Obferuance de l'Orde prefcripte par les Chapitres generaux de 1618. 1623. & 1628. de laquelle Sentence le Roy feant en fon Confeil a ordonné l'execution
par l'Arreft du 5. Avril 1645. & en ce decret du Chapitre general de
1651. ce qui eft entendu fous ces mots *cum legitimis vfibus,* n'eft
autre chofe, & n'eft rien plus, que ce qui n'eft point obferué par
les *Abftinents* en leur Obferuance, mais qui eft excepté par eux de
l'inftitut primitif de l'Ordre de Cifteaux, ce qui eft expliqué par
les contredits defd. Wyart & Tedenat folio xiv. folio ccc.
xl v i. & fuiuans.

III. Sont les XII. XIII. XIV. & XV. par lefquels ce qui a
efté ordonné pour l'eftabliffement de Nouiciats & de Seminaires
en l'Ordre, eft conforme à la mefme Sentence de M. les deleguez,

& à

& à l'Arreſt du Conſeil d'Eſtat du 5. Avril 1645,

Le XII. porte, *Nouiciatus in ſingulis Prouincijs inſtituantur, ſicut in Ciſtercio & quatuor primis Firmitate Pontiniaco Claraualle Morimundo, in quibus Nouicij ſufficientis ætatis hoc eſt XV. annorum, & ſufficientis litteraturæ &c. recipiantur, & in his veſtiantur & probentur. Et à probato Magiſtro in ſtrictiori Obſeruantia ita educentur, vt excepta ſola à Carnibus Abſtinentia, in virtute Priuilegiorum & decretorum Capituli Generalis Ordini Conceſſa, ad omnia Sanctæ Regulæ capita, prout à ſummis etiam Pontificibus & Capitulis Generalibus determinata ſunt, ſeſe toto vitæ decurſu teneri intelligant, nunquam relaxandos.*

Le XIII. porte, *Seminaria ſimili ratione in ſingulis Prouincijs ad pietatis & Religionis excolendæ opus erigantur, ſicut in Ciſtercio & quatuor primis, in quibus nouiter Profeſsi, &c. ita erudiantur, vt quicumque vel ad ſtudia vel ad Ordines ſiue etiam ad officia aut gradus aut dignitates in poſterum aſſumendus erit, ex his ſolis aſſumi valeat, &c.*

Le XIV. porte, *Ad vniformitatem Nouiciatuum & Seminariorum & ſtudiorum confirmandam, & præcipuum charitatis vinculum retinendum, eorum omnium lex erit vniformis, ad quem effectum directorium à Venerabili Priore Ciſtercij formabitur, &c.*

Le XV porte, *Nouiciatuum autem & Seminariorum eiuſmodi officijs deputata, aut per Reuerendiſſimum Dominum noſtrum & Reuerendos admodum quatuor Primarios deſignanda Monaſteria, vacuabuntur per Vicarios Prouinciarum omnibus Monachis diſcolis, ſtrictiorem Obſeruantiam præter Abſtinentiam Carnis & legitimos vſus refugientibus & impedientibus.*

Il ne peut pas y auoir vne conduite plus ſolide & plus raiſonnable pour conſeruer l'Obſeruance reguliere dans les Monaſteres de l'Ordre de Ciſteaux de la Commune Obſeruance, eſquels celle des ſuſd. Chapitres generaux eſt actuellement en vigueur, & pour la reſtablir en ceux eſquels elle pourroit eſtre affoiblie.

Ce qui ne fait aucun obſtacle à l'Obſeruance des *Abſtinents* en leurs Monaſteres, non plus qu'aucun autre des articles de ce Chapitre general de 1651.

IV. eſt le *XXIV.* art. portant lecture publication & enregiſtrement du Bref du Pape Vrbain *VIII.* du 5. Decembre 1635. auant la traſcription duquel le decret du Chapitre general eſt en ces termes, *Ne prætextus contentioni in poſterum relinquatur, legi iuſsit Capitulum Generale Breue Apoſtolicum pro pace Collegij Sancti Bernardi Pariſienſis,* & apres le Bref tranſcorit il y a, *quod quidem Breue regiſtrari*

Bb

post lectionem, & cum debita reuerentia & submißione ab omnibus recipi, decernit Capitulum Generale, & nonobstantibus à Reuerendo Abbate de Castellione allegatis, statuit vt omnes illud admittant cum debita veneratione.

L'Abbé de Chastillon seul des *Abstinents* qui estoient au Chapitre general s'estant formalisé de ce Bref, non pour la disposition diceluy, mais pour quelques termes qu'il luy sembloit n'estre pas auec autant de benignité qu'il auroit voulu pour les *Abstinents,* tous les autres ont approuué ce Bref.

Et n'y ayant eu que ce seul article du Chapitre general, contre lequel vn seul *Abstinent* a reclamé, le silence de tous les *Abstinents* à l'esgard des autres articles a esté vne approbation d'autant plus certaine & formelle d'iceux, que par ce qui est arriué touchant celuy-cy il est constant que les *Abstinents* ont eu liberté de dire tout ce qu'ils ont aduisé, & s'il y auoit eu autre chose dite par eux ou quelqu'vn d'iceux il en auroit esté fait acte par le Chapitre general.

V. Est le XXIX. article, par lequel *dimißionem fratris Petri Gautier, & institutionem fratris Petri de Lancy, in Procuratorem per Reuerendißimum Dominum nostrum Cisterciensem in Collegio Sancti Bernardi Parisiensi factas ratas habet & approbat Capitulum Generale in plenaria Ordinis potestate,* ce qui n'est point vn iugement rendu par le Chapitre general, sur le different pendant au Grand Conseil sur l'appel cóme d'abus des *Abstinents* & de Gautier contre l'Abbé de Cisteaux, mais vne ratification de ce que l'Abbé de Cisteaux auoit fait en cette occurence comme vicegerent du pitre general, pour seruir à l'Abbé de Cisteaux à faire voir que cette ratification, comme toutes autres selon le droict commun, ayant effect retroactif à l'acte ratifié, il n'est pas seulement du fait de l'Abbé de Cisteaux mais du Chapitre general.

VI. Est le XXX. article, par lequel *Conuocationes quorundam Abbatum sine Capituli Generalis authoritate factas ferre non valens Capitulam Generale, eas tanquam attentatas & illicitas condemnat, simülesque prohibet in posterum, omniaque & singula in eis acta caßat & vetat in plenaria Ordinis potestate,* qui est le pouuoir attribué au chapitre general par le Saint Siege sur tous & chacuns les Abbés & Religieux de l'Ordre, duquel pouuoir les *Abstinents* nont seulement n'ont aucune exemption du Saint Siege, mais de plus celle qu'ils ont pretendu en auoir par les Sentences de M. le C. de Roche-Foucauld a esté abolie par la Sentence de M. les Deleguez, laquelle porte expressement que les *Abstinents demeureront vnis à l'Ordre soubs la Iurisdiction Ordinaire d'iceluy,* ce qui est authorisé par l'Arreſt du conſeil d'Eſtat du 5. Avril 1645. partant la plainte que font les *Abſtinents* par l'vne de leurs appellations cóme d'abus, de ce que par ce decret du chapitre General on auroit donné atteinte à leur pretenduë aſſemblée de Foulcarmont dont il eſt parlé cy-deſſus, qui eſt la ſeule qu'ils ayent jamais fait ſans l'authorité de l'Ordre, n'eſt nullement receuable.

VII. Eſt le XXXI. Article, par lequel *inauditum in Ordine loquendi modum nouoſque titules ſuſtinere non valens Capitulum Generale, diſtincté prohibet fratri Petro Gautier Collegij Sancti Bernardi Pariſienſis antea Procuratori, ne nomen & munus Procuratoris Generalis Patrum Abſtinentium, in prohibita illa apud Fulcardimontem conuocatione ipſi indebité collatum, amplius vſurpare audeat, & nè ipſe nec quiſquam alius ſimile nomen & munus ſibi aſſumat, ſub pœna priuationis vocis actiuæ & paſsiuæ, vſque ad proximum Capitulum Generale, vetat in plenaria Ordinis poteſtate*, ce qui eſt conforme comme le precedent article à la Sentence de M. les Deleguez & à l'Arreſt du Conſeil d'Eſtat, eſtant certain que durant plus de vingt années qu'il y a auoit alors de l'aſſemblée de Foucarmont, que les Sentences de M. le C. Roche-Foucauld eſtoient rendues, infirmées il y auoit ſix ans par celles de M. les Deleguez, les *Abſtinents* ne s'eſtoient point encores ingerez de conſtituer vn Procureur general de leur Obſeruance, non plus que de faire aſſemblée de leur authorité, quoy que l'vn d'iceux durant qu'il n'y auoit point d'Abbé de Ciſteaux aye entrepris de prendre cette qualité, ſans qu'il aye paru comment elle luy auroit eſté donnée.

VIII. Eſt le XXII. article en la premiere des deux parties duquel apres qu'il a eſté dit, *Vt viſitatio annua facilius impleatur, Vicariatus nimium amplos generale Capitulum cenſuit diuidendos*, en la ſeconde partie qui eſt l'application & execution de la premiere, il eſt dit, *Vnde decernit vt Toloſana Prouincia & Patrum abſtinentium Monaſteria in duos Vicariatus reſpectiué ſeparentur, & à duobus vicarijs etiam reſpectiué in poſterum viſitentur.*

Ce qui n'a pas eſté ordonné pour les ſeuls *Abſtinents*, mais auſſi pour les Prouinces de la Commune Obſeruance, entre leſquelles le Vicariat de celle de Touloſe a eſté partagé en deux, eſtant de ſi grande eſtenduë qu'il eſtoit difficile qu'vn ſeul Vicaire peuſt faire les viſites ordinaires & autres fonctions, neantmoins les *Abſtinents* ſe plaignent par appel comme d'abus, de ce qu'on a doublé le Vicariat ſur leurs Monaſteres, comme de choſe qui auroit eſté affectée ſeulement pour eux, & pour leurs faire preiudice, quoy qu'au contraire ce ſoit à leur aduantage, parce que leurs Monaſteres qui n'estoient cy-deuant qu'au nombre de quinze, ayans augmenté iusques à enuiron trente, & estans dispersez en diuerses Prouinces du Royaume, vn seul Vicaire ne peut estre suffisant pour satisfaire aux visites annuelles & autres deuoirs de cette charge.

La pretension de l'appel comme d'abus des *Abstinents* en ce Chef, ne consiste pas à n'auoir qu'vn Vicaire, mais elle est en ce qu'ils voudroient qu'il n'y en eust qu'vn comme Chef d'vn Corps qu'ils presument former en l'Ordre, & duquel ils auroient l'election suiuant les Sentences de M. le C. de la Roche-Foucauld, infirmées par celle de M. les deleguez, & quoy que l'Abbé de Chastillon, ny aucun autre des *Abstinents* qui estoient comme luy au Chapitre General, n'aye apporté aucune contradiction à ce decret, contre lequel s'il y auoit eu lieu de s'en plaindre, l'Abbé de Chastillon se feroit autant & plus volontiers esleué que contre le Decret d'Enregistrement du Bref du 5. Decembre 1635. neantmoins parce que dans la pretenduë Assemblée de Foulcarmont anterieure d'vn an au chapitre general, les *Abstinents* ont entrepris d'arrester, que l'Abbé de Chastillon, qui auoit prié l'Abbé de Cisteaux de l'excuser du Vicariat, le continueroit, l'Abbé de Chastillon a continué nonobstant le Decret du chapitre general, & les Abbez de Barbery & de la Colombe tous deux *Abstinents* & du nombre des diffiniteurs du chapitre General, nommez par iceluy au Vicariat sur les Monasteres des *Abstinents*, ont refusé de l'exercer, surquoy il y a eu prejugé contre les *Abstinents* en la Cour, par le second chef de l'arrest du 25. Iuin 1655. ainsi qu'il est iustifié cy-dessus en la page 64.

IX. Est vn Decret commençant *Præsens Capitulum Generale præcedentium vestigijs insistendo &c.* lequel est tiré de mot à autre du Chapitre General de 1609. portant deffences de se pouruoir entre les personnes de l'Ordre hors la Iurisdiction d'iceluy, ce qui est relatif à la Bulle du Pape Innocent VIII. du 29. Avril 1489. rapportée cy-dessus page XVIII. prohibitiue d'appellations *Extra dictum Cistercienfem Ordinem &c.* de laquelle Bulle ny non plus du Decret du Chapitre General de 1609. ny ayant point d'appel comme d'abus par les *Abstinents*, ils ne font pas receuables en celuy qu'ils ont interjecté du present Decret du Chapitre General de 1651. lequel n'estant qu'vne transcription de celuy de 1609. auquel temps il n'estoit encores aucune mention d'*Abstinents* en l'Ordre, ils n'ont pas raison de pretendre que ce Decret aye esté fait pour trauerser leurs pourfuittes és Cours Souueraines, lesquelles à cause de leur dignité ne sont point reputées comprises

és

ſs actes qui parlent de Iuriſdictions, ſi elles ny ſont exprimées.

X. Eſt vn Decret portant, *Vicarijs Prouinciarum diſtrictè in-iungitur, ſimul & Syndicis, vt in proximo Capitulo Generali, de non ſolutis huc vſque contributionibus exactiorem reddant rationem,* les *Abſtinents* en ſont appellans comme d'abus, comme d'vn De-cret qui auroit fait des taxes ou impoſitions en l'Ordre, au lieu que c'eſt pour faire rendre compte des ſubſides & contributions qui ſont canoniquement eſtablies en iceluy, ſelon le droict qu'il eſt iuſtifié en appartenir à l'Ordre, par les cottes *X.* & *Y.* de la production deſd. Wyart & Tedenat ſur les appellations des *Ab-ſtinents,* pour le payement deſquelles contributions la Cour a ſou-uent rendu des Arreſts contre les Abbez Commendataires qui eſtoient en refus ou en demeure de payer les contributions de leurs Abbayes, & tant s'en faut que le Chapitre General aye introduit ny authoriſé des impoſitions inſolites en l'Ordre, que par le De-cret ſuiuant il eſt dit, *abuſum ſubſidiorum coercere volens Capitu-lum Generale, diſtrictè prohibet, ne quiſquam exactiones contribu-tiones & ſubſidia ſub quocumque prætextu exigat in Monaſterijs Or-dinis, ſine authoritate Capituli Generalis.*

Sur cette matiere des contributions de l'Ordre de Ciſteaux, cé qui a eſté calomnieuſement auancé par les *Abſtinents* ſous la cotte *X.* de leur Inuentaire de production ſur leurs appellations, eſt re-futé par les cottes Z. AA. BB. de l'Inuentaire de production de M. l'Abbé de Ciſteaux.

XI. C'eſt vn Decret de diſpenſe à deux *Abſtinents* profez de Ciſteaux d'vſer de la diſpenſe, *Petitio fratris Thomæ de Moucel & Fratris Petri Renaut Monachorum Ciſtercij, ſuper eſu carnium, propter allegatas rationes infirmitatis, & propter vniformitatem ſer-uandam, & iuxta priuilegia Ordinis, exauditur,* les *Abſtinents* s'en plaignent par appel comme d'abus, qui eſt vne pretention nou-uelle & non receuable, que les Abbez & Religieux de l'Ordre qui ont pris l'Abſtinence ne la puiſſent quitter, encores qu'elle ne ſoit plus d'obligation mais de deuotion depuis la diſpenſe, & qu'il n'y aye point de vœu ny de profeſſió par laquelle on renonce dans l'Ordre à la diſpenſe, laquelle en vertu de la ſuſd. Bulle du Pape Sixte IV. du 13. Decembre 1475. peut eſtre octroyée par le Chapitre General, & en vertu du Decret d'iceluy de l'an 1481. les Abbez en peuuent vſer pour eux & en permettre l'vſage à leurs Religieux, de laquelle Bulle ny non plus du Decret du Chapitre General de 1481. qui ſont les tiltres originaires de la diſpenſe Ge-nerale dont eſt queſtion, il n'y a point d'appel comme d'abus par

C c

les *Abstinents*, ny pareillement de la susd. Bulle du Pape Benoist XII. du 13. Iuillet 1334. qui a commencé d'establir des dispenses en l'Ordre, ny encores de la susd. Bulle du Pape Alexandre VI. du 6. Nouembre 1498. confirmatiue de celle du Pape Sixte IV. & du Decret du Chapitre General de 1481.

XII. En celuy-cy de 1651. sous le tiltre des diffinitions speciales, & sous celuy qui suit des diffinitions particulieres, sont remarquables plusieurs articles, concernants les affaires spirituelles & temporelles des Monasteres de l'Ordre situez és pays Estrangers.

Et en suitte sous le tiltre *Excusationes Abbatum Remanentium à Capitulo Generali Cisterciensi*, c'est la formule accoustumée de cette partie du Chapitre General, sous laquelle il y a *XXXVII.* articles d'excuses enuoyées par les Estrangers qui n'ont pû y venir pour diuerses causes, entre lesquelles il y en a eu vne commune quasi à tous, qui estoit la guerre, nonobstant laquelle & les calamitez prouenantes d'icelle plusieurs Abbez Estrangers n'ont pas laissé de venir au Chapitre General, les autres y ont esté reputez presents par leurs excuses, & on peut dire que hors ceux qui se sont excusez tous les autres y ont enuoyé, ny ayant que la Congregation de Castille en Espagne, laquelle aye esté marquée pour auoir manqué & d'y assister, & de s'excuser, & s'il y en auoit d'autres qui ny eussent pas assisté, & n'eussent point enuoyé d'excuse, il en auroit pareillement esté fait note dans les actes de ce Chapitre General de 1651.

Par la lecture duquel, toutes personnes qui ne seront point empeschées par preuention facilité ou interest à croire les veritez iustificatiues de la Commune Obseruance de l'Ordre de Cisteaux contre les libelles des *Abstinents*, seront persuadées, que ce Chapitre General a pourueu autant qu'il aye esté possible, par des Ordonnances salutaires, à faire subsister, & à remettre ou il en seroit besoin, la police de l'Ordre de Cisteaux en tous les Monasteres d'iceluy, sans donner aucune atteinte à l'Obseruance des *Abstinents*, dans la pratique de laquelle en tout ce qu'ils ont escrit & produit ils n'ont pas cotté vn seul faict de difficulté qu'ils ayent eu de la part des Superieurs Majeurs, ny de qui que ce soit de la Commune Obseruance, toutes leurs plaintes consistent en ce que l'Abbé de Prieres & ses adherans, qui sont plutost des conquerans que des reformateurs, voudroient estre les Superieurs Majeurs de tout l'Ordre, dans lequel ils pretendent que quelque regularité qu'il puisse y auoir, l'estat d'iceluy soit imparfait & violent, si l'Abstinence ny est obseruée, de laquelle ils ont pretendu ny auoit point de dispense, ou s'il y en a qu'elle ne soit pas canonique.

Surquoy pour leur faire garder le silence que le Saint Siege leur a imposé, il reste de cotter les preuues de ce qui a esté proposé cy-dessus en la page iv. que cette pretension des *Abstinents* a esté iugée iniuste.

Dix fois par le Pape, Sept fois par le Roy, deux fois par le Parlement, & vne fois par le Grand Conseil.

Les Iugemens du Saint Siege au nombre de dix sont.

I. LA Bulle du Pape Alexandre VI. du 6. Nouembre 1498. qui est cy-dessus page xiv.

II. La Bulle du Pape Innocent X. du 29. Nouembre 1645. confirmatiue de la derniere election d'Abbé de Cisteaux, sur procez instruit à Rome, cy dessus page lxii.

III. IV. V. VI. Les Bulles confirmatiues des elections d'Abbez, en l'Abbaye de la Ferté, en celle de Pontigny deux fois, & en celle de Clairuaux, nonobstant les oppositions des *Abstinents* à trois de ces quatre Bulles en Cour de Rome, cy-dessus pages lxv. lxvi. lxvii.

VII. Le Bref du Pape Vrbain viii. du 5. Decembre 1635. page xliv.

VIII. Le Bref du Pape Innocent X. du premier Fevrier. 1647. page lxxiij sur la fin lxxiv. lxxv. lxxvj. lxxvij. lxxviij.

IX. Le Bref du Pape Innocent X. du 15. Ianuier 1654. page lxvij.

X. Vn Bref du Pape Alexandre VII. à present seant du 10. Nouembre 1657. Le Procureur General de l'Ordre en Cour de Rome, duquel l'Office a esté prouoqué à cette dilengence par les Estrangers, a representé la Bulle susd. du Pape Sixte IV. & ce qui a suiuy pour establissement de la dispense dans l'Ordre, & le long temps de l'vsage de cette dispense, & que *Quidam nihilominus Monachi memorati ordinis in Gallia* (c'est le texte du Bref) *abstinentes nuncupati, super hoc puncto Regulæ sufficienter per præmissa dispensatum non esse, nec generalem vsum huiusmodi modo supradicto introductum, licitum esse contendentes, multorum, qui strictiorem Obseruantiam, excepta sola a carnibus abstinentia sicut præmittitur relaxata, iuxta definitionem Capitulis generalis Cistercij de anno 1651. celebrati profitentur, conscientias turbent, indeque dissentiones contentiones & lites non sine maximo Religionis dispendio oriantur, & oritura timeantur.*

Production nouuelle de VVyart & Tedenat.

Sur ce le Pape, *De venerabilium fratrum nostrorum sanctæ Romanæ Ecclesiæ Cardinalium, negotijs & consultationibus Episcoporum & Regularium præpositorum, qui eam rem considerarunt maturèque discusserunt, consilio*, a rendu son decret par le dispositif du Bref en ces termes.

Monachis Cisterciensibus tuta conscientia licuisse & licere, vti dispensatione prænarrata super esua carnium, per Capitulum generale Ordinis huiusmodi authoritate Apostolic concessa, ac diuturna consuetudine comprobata, authoritate Apostolica tenore presentium declaramus, eandemque ad tranquillandas conscientias scrupulosque sedandos benigne approbamus, & quatenus opus sit denuò concedimus & indulgemus, non obstantibus in contrarium deductis, &c.

Pour faire conoistre la force de ce Bref, & par mesme moyen respondre à ce que les *Abstinents* ont obiecté à l'encontre, il est à considerer en iceluy.

I. Qu'encores que dans la relation de la remonstrance du Procureur general de l'Ordre au Pape, laquelle est au commencement du Bref, il ne soit parlé que des principales pieces concornantes l'establissement de la dispense dans l'Ordre, la teneur des autres ou precedentes ou subsequentes, qui auroient esté a examiner sur ce subjet ne laisse pas d'auoir esté representée au Pape, mais pour la brieveté du Bref en resumant la supplique du Procureur general de l'Ordre, il n'a esté parlé que des pieces fondamentales de la dispense.

II. Encores qu'il n'y aye point de Veu de pieces dans ce Bref, la forme n'estant pas és expeditions de cette qualité à Rome d'y, insererun veu de pieces, n'estant pas vn acte de iurisdiction contentieuse, neantmoins il doibt demeurer pour constant, que tout ce qui estoit à voir pour cette decision Apostolique a esté veu par Messieurs les Cardinaux sur le rapport & par l'aduis desquels le Pape a prononcé, puis qu'il est dit que *Eam rem sæpius considerarunt maturèque discusserunt*, ce qui ne peut auoir esté fait qu'en voyant toutes les pieces necessaires, & ceux qui sçauent auec qu'elle exactitude on procede à Rome en telles affaires, & combien elles sont pesées auant que d'estre resoluës, demeureront asseurez en voyant ce Bref, qu'il a esté obtenu auec vne parfaite cognoissance de cause.

III. Le dispositif du Bref se subdiuise en trois points.

I. Le Pape a declaré qu'il y a dispense dans l'Ordre de Cisteaux *authoritate Apostolica*.

II. Il a approuué & confirmé la dispense.

III. En tant que befoin feroit il en a octroyé vne nouuelle conceffion.

Le tout a efté du mouuement & iugement du Pape , la requifition du Procureur general de l'Ordre ayant efté , qu'il pleuft à Sa Sainteté pouruoir fur les difficultez de confcience que les *Abftinents* entretenoient en l'Ordre.

Sur ce dernier poinct du Bref, la temerité de l'Abbé de Prieres & des *Abftinents*, à fuppofer contre la teneur des pieces, n'eft pas fupportable, en ce qu'ils veulent faire croire que la Commune Obferuance de l'Ordre auroit eu par ce Bref la difpenfe de l'Abftinence, & recognu en ce faifant ne l'auoir point eu auparauant.

La lecture du Bref & en la preface & au difpofitif refifte formellement à cette fuppofition.

Et au furplus de ce que l'Abbé de Prieres à efcrit & imprimé contre ce Bref, pour reuoquer en doute la validité d'iceluy, fur ce qu'il pretend que le Procureur general de l'Ordre n'auroit pas expofé au Pape toutes les fpeculations ou arguties, ou pour mieux dire Arguments fophiftiques, par lefquels la difpenfe de l'Abftinence en l'Ordre eft impugnée par les *Abftinents*, outre ce qui eft iuftifié cy deffus par les termes du Bref, qu'il n'a rien efté oublié de ce qui concerne la queftion tant de fois decidée par le Saint Siege, pour monftrer que quand ce que les *Abftinents* pretendent auoir efté diffimulé au Pape (quoy que non) luy feroit encores de nouueau reprefenté, Sa Sainteté ne feroit pas diffuadée de ce qu'elle a fait, *le Chapitre General* employe ce qui eft deduit cy deffus en la page v. & fuiuantes, pour fouftenir la validité de la difpenfe en fon origine, & iuftifier l'vfage d'icelle daus l'Ordre ; Et encores ce qui eft cy-deffus en la page 74. & fuiuantes, pour monftrer que le Bref du Pape Innocent x. du 1, Fevrier 1647. eft vne decifion formelle du Sainct Siege pour la Commune Obferuance de l'Ordre contre les *Abftinents*.

Lefquels n'ont pas deu dire qu'en l'obtention du Bref dont il s'agit du Pape à prefent feant, du 10. Nouembre 1657. il y aye eu obreption , en ce que le Procureur General de l'Ordre n'auroit pas fait entendre à fa Saincteté qu'il y auoit procez entre les deux Obferuances de l'Ordre au Parlement.

I. On peut dire que le Pape la fçeu, le Bref portant *Indèque diffenfiones contentiones & lites*, ce qui ne peut eftre rapporté qu'au prefent procez, qui eftoit deflors pendant en la Cour, y ayant efté introduit par *le Chapitre Generale* dés l'an 1651. & cette explication des termes du Bref est dautant plus conforme au vray sens qu'il y a lieu d'y donner, que la clause de laquelle les mots susd. sont extraits commence par ceux-cy, *Monachi memorati Ordinis in Gallia abstinentes nuncupati*, n'y ayant procez en l'Ordre pour la dispense qu'en France, par ce qu'il n'y a qu'en France ou l'Ordre aye des *Abstinents*.

Tant s'en faut que le procez aye pû seruir *ad dimouendum Summum Pontificem*, n'y que le procez aye pû estre vn obstacle au Bref, qu'au contraire la question decidée par le Pape estant purement spirituelle, & en quelque maniere vne question du fait du Sainct Siege, sçauoir si par concession d'iceluy il y a dispense dans l'Ordre, & ce qui est à iuger au Parlement n'estant pas si l'Ordre demeurera dispensé ou s'il ne le sera plus, n'y ayant point d'appel comme d'abus de la dispense, mais si presupposé la dispense, laquelle est constante, il n'est pas vray que les Sentences de M. le C. de la Roche-Foucauld sont abusiues, par lesquelles authorisant la dispense pour le passé comme valable, il a entrepris de l'abolir pour l'auenir, sur ces circonstances ça esté vn effet de la charité du Pape, de donner vn Bref de declaration ou decision, pour d'abondant apres tout ce qui a precedé, rendre cette verité infaillible, qu'il y a dispense dans l'Ordre par authorité Apostolique, il n'y a que le Sainct Siege qui en puisse asseurer puisque la dispense en prouient, & que la dispense est canonique, il n'y a que le Sainct Siege qui le puisse decider, puisqu'il en est le vray & le seul Iuge, & apres sa decision il ne doit plus rester de doute ny de question.

Il est remarquable que des dix fois que le Sainct Siege a iugé pour la dispense contre l'Abstinence, les *Abstinents* ont esté quatre fois parties, & s'ils auoient esté bien fondez en leur pretension, elle n'auroit pas esté si souuent reiettée par le Sainct Siege.

I. En leur opposition à la confirmation de la derniere Election d'Abbé de Cisteaux ils ont escrit & produit à Rome, & ont esté contradictoirement deboutez par la Bulle du 29. Nouembre 1645. cy-dessus page LXII. & LXIII.

II. III. IV. Par les oppositions que les *Abstinents* ont formé aux confirmations des Elections d'Abbez, en l'Abbaye de Pontigny en 1643. en l'Abbaye de Clairuaux en 1654. en l'Abbaye de la Ferté en 1655. nonobstant lesquelles oppositions les Abbez Eleus de la Commune Obseruance ont esté confirmez, cy-dessus pages LXV. LXVI. & LXVII.

A quoy on pourroit adjouster la Sentence de M. les Deleguez de l'an 1644. qui a esté contradictoire contre les *Abstinents* au nom du Sainct Siege.

Et encores le Bref du 1. Feurier 1647. Interuenu sur la procuration des *Abstinents*.

Si les *Abstinents* auoient autant qu'ils veulent faire croire de raison en leur pretension, ils auroient eu du Sainct Siege quelque declaration pour eux, ils ont voulu faire croire que le Bref du 1. Feurier 1647. soit à leur auantage, neantmoins ils en sont appellans comme d'abus, il est iustifié cy-dessus page l x x i v. qu'il leur est absolument contraire.

Mais si les declarations du Sainct Siege ne leur semblent pas assez expresses ou suffisamment intelligibles, ils n'ont qu'à supplies le Pape de les expliquer, à luy seul qui a rendu les iugemens il appartient de les interpreter, s'il y a lieu d'en demander interpretation.

Pour monstrer que la mesme chose a esté Iugée sept fois par le Roy.

I. II. LEs deux Arrests du Conseil d'Estat le Roy y Seant, des 5. Avril 1645. & 9. Feurier 1654. cy-dessus pages lx. & lxj. & page lxvj.

III. IV. V. VI. VII. Les Breuets du Roy par lesquels sa Maiesté a agreé les elections d'Abbez de la Commune Obseruance, pour Cisteaux en 1645. page lxiij. pour Pontigny en 1643. page lxv. Encores pour Pontigny en 1650. page lxvj. Pour Clairuaux en 1654. page lxvj. Pour la Ferté en 1655. page lxvij.

Iugé deux fois par le Parlement.

I. PAr l'Arrest du 25. Iuin 1655. pour la derniere election d'Abbé de Cisteaux, page lxiv.

II. Par l'Arrest du 10. May 1651. pour la derniere election d'Abbé de Pontigny, page lxvj.

Ces deux Arrests contradictoirement rendus en l'Audiance de la Grand Chambre, & l'vn & l'autre sur les conclusions de feu Monsieur l'Aduocat General Bignon.

Iugé vne fois par le Grand Conseil.

C'Est l'Arrest qui a esté rendu le 25. Feurier 1645. contradictoire sur productions des parties, pour la penúltiéme election d'Abbé de Pontigny, pages 65. & 66.

Et pour oster aux *Abstinents* la presomption qu'ils ont d'estre plus auancez en la perfection dans l'estat Regulier à cause de leur

Abſtinence que ceux qui vſent de la diſpenſe, il ne peut rien
eſtre allegué pour l'Apologie de la Commune Obſeruance de
l'Ordre de Ciſteaux ſur ce point (afin de n'en dire qu'vn mot
mais qui ſoit ſingulier) qui conuienne mieux que ce qu'à dit
Saint Bernard *In Apologia de vita & moribus Religioſorum Cap. VI.*
où reprenant les Religieux de ſon Ordre de ce qu'ils ſe pretendoient plus parfaits que ceux de l'Ordre de Clugny, parce
qu'ils eſtoient plus auſteres en leurs habits & en leurs viures, il
leur dit, *De corporalibus itaque Obſeruantijs fratribus calumniam*
ſtruiti, & quæ maiora ſunt Regulæ ſpiritualia ſcilicet inſtituta relin-
quitis, Camelumque glutientes culicem liquatis, magna abuſio maxima
cura eſt vt Corpus regulariter induatur, & contra Regulam ſuis veſtibus
anima nuda deſeratur, Il continuë pour ce qui eſt des habits, &
apres ſur ce qui eſt des viures il dit, *Repleti deinde ventrem faba,*
mentem ſuperbia, cibos damnamus ſaginatos, quaſi melius non ſit exi-
guo ſagimine ad vſum veſci, quam ventoſo legumine vſque ad ructum
ex ſaturari, & precipuè cum Eſau non de carne ſed de lente ſit reprehen-
ſus, & de ligno Adam non de carnè damnatus, & Ionathas ex guſtu
mellis non carnis morti adiudicatus, econtra vero Helias iunoxiè car-
nem comederit, Abraham gratiſsimè carnibus Angelos pauerit, & de
ipſis ſua fieri ſacrificia Deus. præceperit.

Apres le Chapitre general de 1651. qui auoit pourueu autant
qu'il eſtoit poſſible, à ce qui auroit pû eſtre neceſſaire pour reformation en l'Ordre, ne reſtant plus que l'execution, qui auroit
ſuiuy ſi elle n'auoit point eſté empeſchée par les trauerſes des *Ab-*
ſtinents, il y auoit apparence que l'Ordre fuſt en ſa tranquillité
ſouhaittée depuis vn ſi long-temps, & abſolument neceſſaire pour
l'Obſeruance Reguliere.

Neantmoins les *Abſtinents* impatients de repos & de ſuperiorité,
ont le 3. Iuin 1651. leué vn deffault au Greffe du Conſeil Priué
contre l'Abbé de Ciſteaux & les quatre premiers Peres, à faute d'a-
uoir comparu à l'aſſignation ſur la requeſte du dernier de Fevrier
precedent, de laquelle ils auoient eſtimé que l'aſſiſtance des *Abſti-*
nents au Chapitre general, & leurs ſuffrages en la concluſion des
Decrets d'iceluy, eſtoient des deſiſtements plus que ſuffiſants.

Enſuiuent les inſtances qui ſont à iuger entre leſdites
parties.

Inſtances de la part du Chapitre General en dix Chefs.

I. II. SVr le retour en procez par les *Abſtinents* au Conſeil,
dont la fin eſtoit de faire reuiure les Sentences de M. le
C. de

CIX.

C. de la Roche-Foucauld, qui n'ont iamais esté executées, que les *Abstinents* ont abandonné, qui ont esté infirmées par Messieurs les Deleguez, & entierement abolies par les Bulles & Brefs des Papes & autres tiltres rapportez cy-dessus, au moyen desquels ces Sentences sont demeurées pour non aduenuës, ne restant plus qu'vne voye de droict pour les abolir sans resource, qui estoit l'appel comme d'abus au Parlement, il a esté interjecté de la part du Chapitre General le 10. Iuin 1651. & les *Abstinents* intimez le 12. auparauant le 17. qu'ils ont fait reassigner au Conseil l'Abbé de Cisteaux & les quatre premiers Peres.

Les moyens d'abus contre ces sentences sont cy-dessus page 40.

III. Et dautant que les *Abstinents* par l'vne de plusieurs illusions qu'il y a de leur part en ce different, pretendent que la Sentence de M. les Deleguez soit à leur proffit, encores que ce qu'elle a ordoné pour eux n'aye esté que par prouision, en attendant sur le point de l'Abstinence la decision du Saint Siege, laquelle est depuis suruenuë par les Bulles de l'Abbé de Cisteaux, & par le Bref du premier Feurier 1647. pour faire pareillement cesser cette pretension des *Abstinents*, contre laquelle les decisions du Saint Siege & l'arrest du Conseil d'Estat du 5. Avril 1645. n'ont pas esté encores suffisants, on a compris de la part du Chapitre general en l'appel comme d'abus des Sentences de Monsieur le C. de la Roche-Foucauld, celle de M. les Deleguez, en ce qui est des Chefs qui ont esté pour les *Abstinents*, & ont cessé d'y estre depuis les decisions du Saint Siege posterieures à cette Sentence, *Voyez cy-dessus pages* liij. lviij. lix.

Ce chef d'appel comme d'abus est par le relief d'appel desd. Vuyart & Tedenat du 10. Iuin 1651.

Les moyens d'abus sont en la cotte Y de l'inuentaire de la premiere production desd. Vuyart & Tedenat.

IV. Au prejudice de l'appel comme d'abus, duquel le Parlement estoit saisi, des Sentences de M. le C. de la Roche-Foucauld, les *Abstinents* agissans toûjours par souplesses & surprises, ont obtenu le 7. Aoust 1651. des Lettres Patentes du Roy, addressées au Parlement, pour faire homologuer en iceluy les Sentences de M. le C. de la Roche-Foucauld dont est appel comme d'Abus, attachées sous le contre-seel des Lettres, par lesquelles ces Sentences sont designées par ce mot, *Articles de Reformation*, par lequel nouueau terme les *Abstinents* ayans pretendu faire passer ces Sentences pour chose differente d'elles mesmes, afin de faciliter vne verification des Lettres Patentes nonobstant l'appel comme d'abus des Sentences, & lesd. Wyart & Tedenat ayans decouuert ce secret, ils ont formé opposition à l'enregistrement des Lettres, & poursuiuy les *Abstinents* de leur bailler copie d'icelles.

L'opposition desdits Vuyart & Tedenat est par acte du 23. Aoust 1651.

Par le moyen dequoy ils ont recognu la subreption & obreption de ces Lettres.

Les moyens d'opposition contre les Lettres Patentes sont en l'inuentaire de la production principale desd. Vuyart & Tedenat fol. 302.

Ee

D'vne part en ce que par icelles les *Abſtinents* ont ſuppoſé au Roy que leſd. Sentences fuſſent des articles de reformation, pour l'execution deſquels il n'eſtoit plus beſoin que de Lettres Patentes, & ils ont diſſimulé que ces Sentences eſtoient conteſtées en Iuſtice, par le moyen des appellations comme d'abus pendantes au Parlement.

D'autre part en ce que les *Abſtinents* ont encores diſſimulé au Roy, que ſur l'appel ſimple qu'il y a eu de ces meſmes Sentences au Sainct Siege, elles ont eſté infirmées par celle de M. les Deleguez, de laquelle l'execution a eſté ordonnée par le Roy en l'Arreſt du Conſeil d'Eſtat du 5. Avril 1645. & ce qu'il y auoit par prouiſion pour les *Abſtinents* en la Sentence de M. les Deleguez a eſté definitiuement terminé par le Sainct Siege, pour la Commune Obſeruance de l'Ordre contre les *Abſtinents*.

V. Contre les appellations comme d'abus des Sentences de M. le C. de la Roche-Foucauld les *Abſtinents* continuans leurs illuſions, pour pretendre que ces Sentences ayent eſté executées, ſe ſont preualus de ce que le deffunct Abbé de Chaſtillon Abſtinent, iadis Vicaire General de l'Ordre ſur les Monaſteres de l'Abſtinence, auroit entrepris de continuer l'exercice de ſon Vicariat (encores qu'il euſt ceſſé au Chapitre General do mil ſix cens cinquante-vn, qui auoit eſtably deux autres Abbez *Abſtinents* Vicaires generaux ſur les Monaſteres de l'Abſtinence) iuſques à inſtituer des Prieurs & autres Officiers clauſtraux en ceux deſquels les Abbez ſont Commendataires, ce que les Vicaires generaux de l'Abſtinence n'auoient iamais entrepris, fils n'en auoient eu pouuoir ſpecial par leurs Vicariats, telles inſtitutions appartenátes aux Superieurs Majeurs, leſquels les ont toûjours donné à des *Abſtinents* en leurs Monaſteres, ſuiuant le Chapitre general de 1628. & la Sentence de M. les Deleguez, ſurquoy leſd. Wyart & Tedenat ont incidemmét interietté appel comme d'abus des actes de l'Abbé de Chaſtillon, l'abus eſt en la contrauention à la police de l'Ordre, ſelon laquelle telles inſtitutions d'Officiers & autres actes faits par l'Abbé de Chaſtillon és Abbayes en Commande appartiennent aux Superieurs Maieurs, & il y a d'autant plus eu d'entrepriſe en ce qu'à fait l'Abbé de Chaſtillon depuis le Chapitre general de 1651. qu'il n'eſtoit plus Vicaire general, & que ſa continuation par les *Abſtinents* en leur aſſemblée de Foulcarmont en 1650. auoit eſté declarée nulle par le Chapitre general de 1651. pour lequel contre l'Abbé de Chaſtillon il y a preiugé du Parlement par l'Arreſt ſuſdit du 25. Iuin 1655. *Voyez cy-deſſus pages* lxiv.

Cet appel côme d'abus eſt par requeſte deſd. Vuyart & Tedenat du 16. *Mars* 1655.

Les moyens d'ans ſont en l'inuentaire de la troiſieſme production deſd. Vuyart & Tedenat, laquelle eſt ſur ce chef d'inſtance.

lxxxviii. lxxxix. xcix.

VI. Sur ce que les *Abstinents* ont pretendu que leur retraitte de Cisteaux estoit vne expulsion violente & vne extinction de l'estroitte Obseruance en cette premiere Abbaye de l'Ordre, en laquelle hors ce qui est de l'Abstinence l'estroite Obseruance de l'Ordre declarée par la Sentence de M. les Deleguez est plus en vigueur que dans les Abbayes où sont les *Abstinents*, pour faire cesser leur obiection lesd. Wyart & Tedenat ont incidemment appellé comme d'abus de la Commission de feu M. le C. de Richelieu, en vertu de laquelle le feu Abbé de Pontigny a introduit à Cisteaux les *Abstinents*, ensemble de l'introduction d'iceux, & pareillement en tant que besoin seroit de la Sentence de M. les Deleguez, en ce qui a esté prononcé par icelle pour les *Abstinents* touchant la Mense conuentuelle de l'Abbaye de Cisteaux, *Voyez cy-dessus pages* xlvii. lvi. lx. lxi.

VII. Les *Abstinents* ayans pretendu faire valoir l'abus par l'abus mesme, ont objecté contre les appellations comme d'abus des Sentences de M. le C. de la Roche-Foucauld, qu'il n'y auoit point d'appel des actes precedents faits sous le nom d'iceluy & preparatoires des Sentences, surquoy pour leuer l'obiection, il y a eu appel comme d'abus incident par lesd. Wyatt & Tedenat, des actes de M. le C. de la Roche-Foucauld faits auparauant les Sentences, lesquels sont abusifs par mesmes moyens que les Sentences, *voyez cy-dessus pages* XXVI. XL. XLI. XLII.

VIII. Contre les appellations comme d'abus, tant de la commission de M. le C. de Richelieu pour introduire les *Abstinents* à Cisteaux que de leur introduction, les *Abstinents* ayans obiecté qu'on ne pouuoit pas reuoquer en doute la validité de ce qui auoit esté fait par feu M. le C. de Richelieu en qualité d'Abbé de Cisteaux, n'y ayant point eu d'appel de ce qui a esté fait pour luy acquerir cette qualité, lesd. Wyart & Tedenat ont incidemment appellé comme d'abus de l'Election ou postulation de feu M. le C. de Richelieu pour Abbé de Cisteaux, & de tout ce qui a esté fait par luy ou de sa part en l'Ordre de Cisteaux, en quoy l'abus est dautant plus grand, que quand il auroit esté Abbé de Cisteaux (quoy que non) il n'auroit pas eu pouuoir de faire ce qu'il a fait en faueur des *Abstinents*, *Voyez cy-dessus pages* 45. *& suiuantes*

IX. pour donner couleur par les *Abstinents* aux Sentences & Ordonnances qu'ils ont fait rendre par Messieurs les Cardinaux de la Roche-Foucauld & de Richelieu, ils ont mis en auant ce qu'ils pretendent auoir esté dit ou fait par l'Abbé de Cisteaux &

Cet appel côme d'abus est par requeste desd. VVyart & Tedenat du 30. Iuin 1659.

Les moyens d'abus sont en l'inuentaire de la quatriesme production desd. VVyart & Tedenat.

Cet appel comme d'abus est par requeste desd. Vuyart & Tedenat du 10. Ianuier 1660.

Les moyens d'abus sont en l'inuentaire de la cinquiesme production desd. Vuyart & Tedenat.

Cet appel côme d'abus est par lad. requeste du 10. Ianuier 1660.

Les moyens d'abus sont en l'inuentaire de la cinquiesme productiô desd. Vuyart & Tedenat.

Cé desadueu est par lad. requeste du 10. Ianuier 1660.

Les moyens de ce defadueu font en l'inñe-taire de la fixiefme prodūctiõ defd. Vvy-art & Tedenat.

les quatre premiers Peres qui eftoient alors, *Voyez cy-deffus pages* 26. 33. 36. 45. Surquoy encores que par le fait de l'Abbé de Cifteaux des quatre premiers Peres il ne puiffe arriuer aucun preiudice au corps de l'Ordre, pour lequel il n'y a que le Chapitre general affemblé qui puiffe conclurre ou confentir quelque chofe de noũueau touchant l'Eftat de l'Ordre & la police generale d'iceluy, neantmoins afin de faire ceffer l'obiection des *Abftinents* par voye de Droict, lefd. Wyart & Tedenat ont au nom du Chapitre general defaduoué tout ce que les *Abftinents* obiectent du fait des Abbez de Cifteaux & quatre premiers Peres qui ont efté dans les procedez de Meffieurs les Cardinaux de la Roche Foucauld & de Riche-Foucauld & de Richelieu, & en l'election ou poftulation de M. le C. de Richelieu, laquelle eft d'autant plus eftrange, que depuis cinq cens trente-trois ans qu'il y auoit que l'Ordre de Cifteaux eft inftitué, il n'y a eu que cette feule poftulation d'vn Ecclefiaftique feculier pour Abbé de Cifteaux, & les elections ont toũjours efté faites de Religieux profez de l'Ordre, il n'y a iamais eu qu'vn feul Cardinal Abbé de Cifteaux, qui a efté Hierofme de la Souchere, lequel en qualité d'Abbé de Clairuaux ayant affifté au Concaile de Trente, auec haute eftime & reputation, & l'Abbé de Cifteaux lequel y eftoit pareillement eftant decedé par le chemin dans fon retour, Hierofme de la Souchere a efté eleu Abbé de Cifteax, & quatre ans apres ayant efté fait Cardinal, eft demeuré Abbé par ordre expres du Pape, comme auparauant fa promotion au Cardinalat ayant efté eleu Abbé de Cifteaux le Saint Siege luy auoit enioint de garder auec l'Abbaye de Cifteaux celle de Clairuaux, & il a fainctement gouuerné l'vne & l'autre jufques à fon decez arriué à Rome l'an 1571.

Cette fommation eft par requefte defdits Vvyart & Tedenat. du mois de Ianuier 1660.

X. Pour effayer par les *Abftinents* d'eluder le Bref du Pape Innocent X. du premier Fevrier 1647. interuenu fur les procurations reciproques, d'vne part de l'Abbé de Cifteaux & des quatre premiers Peres, & d'autre part de cinq Abez *Abftinents* ayans pouuoir de tous les Abbez & Religieux de leur Obferuance, les *Abftinents* ont eu recours à vn defadueu des cinq de leurs Abbez qui ont paffé au nom de tous la procuration, duquel defadueu la temerité eft apparente, neantmoins pour ne rien obmettre par lefd. Wyart & Tedenat du deuoir de leurs chargesen l'inftructiõ de cette affaire, ils fe font pourueus en fommation contre l'Abbé de la Charmoye & l'Abbé de Prieres, qui font deux reftans viuants des cinq Abbez *Abftinents* qui ont figné la procuration, *Voyez cy-deffus pages* 68. 72. fur la fin & 73.

Inftances

Instances de la part des Abstinents en onze chefs.

I. ILs sont demandeurs aux fins que les susd. Lettres Patentes du 7. Aoust 1651. soient entherinées ou enregistrées nonobstant l'opposition desdits Wyart & Tedenat pour le Chapitre general. Voyez cy-dessus pages 109.

II. Les *Abstinents* sont appellans comme d'abus de la Sentence de M. les Deleguez, en ce qui est des chefs d'icelle contraires aux Sentences de M. le C. de la Roche-Foucauld.

Les appellations comme d'abus des *Abstinents* sont par requeste du 14. Ianuier 1655.

Cét appel est captieux, attendu que la Sentence de M. les Deleguez est en tous ses Chefs contraire à celles de M. le C. de la Roche-Foucauld, parce que ce qu'il y a pour les *Abstinents* en la Sentence de M. les Deleguez n'est que par prouision, en attendant que le Sainct Siege eust decidé (ce qu'il a fait depuis plusieurs fois) la question de l'Abstinence, & ce qui a esté donné aux *Abstinents* par M. le C. de la Roche-Foucauld, qui a esté de changer l'Estat de l'Ordre, & abolir la dispense pour l'auenir, estoit definitif, encores qu'il n'en eust point le pouuoir du Sainct Siege, ce que M. les Deleguez ont iugé, en laissant au Pape la decision de ce poinct cy-dessus pages 38. & 55.

III. Les *Abstinents* sont appellans comme d'abus de la pretendue Expulsion de l'estroite Obseruance de l'Abbaye de Cisteaux, & des *Abstinents* qui auoient fait profession en icelle, lesquels deux Chefs de cét article d'appel n'en font qu'vn seul, ce que les *Abstinents* appellent Expulsion de l'estroite Obseruance de l'Abbaye de Cisteaux, estant la retraite que les *Abstinents* profez de cette Abbaye en ont fait en 1646. suiuant la conuention accordée pour acheuer determiner les pretensions que les *Abstinents* auoient encores alors contre l'Abbé de Cisteaux & les quatre premiers Peres, surquoy est interuenu le Bref du Pape du 1. Feurier 1647. Voyez cy-dessus pages 68. & 69.

En cét endroit pour monstrer la variation ingrate & desloyale & la calomnie de l'Abbé de Prieres enuers l'Abbé de Cisteaux, sont à remarquer deux Missiues à luy escrites par l'Abbé de Prieres les 3. Aoust 1646. & 8. Nouembre 1647. qui sont sous la cotte E. de la production de l'Abbé de Cisteaux.

En la premiere il est dit, *I'acquiesce tres volontiers comme ie le dois, à ce qu'il vous plaist ordonner de Frere François Segaud Religieux de Maizieres, & luy ay mandé qu'il vous obeïsse comme il y est obligé aussi bien que moy, & qu'il trouuera à Cisteaux vn si bon Reglement*

eſtably par voſtre ſoin, qu'il y aura tout moyen d'y faire ſon ſalut, &
d'y tendre à la perfection de ſa vocation, ce qui a eſté eſcrit par
l'Abbé de Prieres enuiron vn mois apres que les *Abſtinens* ſe
ſont retirez de Ciſteaux.

En la ſeconde qui eſt de dix ſept mois apres la retraite des *Abſti-*
nens de Ciſteaux, en parlant des Eſcoliers qui eſtoient au College
des Bernardins, par comparaiſon auec cinq noureaux profez de
Ciſteaux de la Commune Obſeruance (eſleués au Nouiciat de
Ciſteaux depuis la retraite des *Abſtinents*) que l'Abbé de Ciſteaux
auoit reçemment enuoyé au meſme College pour eſtudier, l'Abbé
de Prieres a eſcrit, *Ils ne ſeront pas tous ſemblables à vos bons*
enfans de Ciſteaux, leſquels nous auons reçeu ces iours paſſez auec
beaucoup de ioye & d'edification, qui nous donne tout lieu d'eſperer qu'ils
ſeront l'exemple de voſtre College, moyennant qu'ils conſeruent la pieté
& la mortification qu'ils ont acquis & reçeu de Dieu par le moyen d'vne
ſi bonne education ?

Apres cette Lettre, qu'elle Grace ou qu'elle Iuſtice ont les *Ab-*
ſtinents, à reuoquer en doute que le Nouiciat de Ciſteaux ne ſoit
pas vn Seminaire de bons & vertueux Religieux.

IV. Les *Abſtinents* ſont appellans comme d'abus de la pretenſ
Cy-deſſus pages 78.
& ſuinantes.
duë ſuppreſſion de l'eſtroite Obſeruance dans le College des Bernardins à Paris, c'eſt à dire de ce que de leur conſentement (ce qui
auroit pû eſtre fait de l'authorité de l'Ordre) les Religieux de la
Commune Obſeruance eſtudians en ce College ont la Faculté
qu'ils auroient hors d'iceluy d'vſer de la diſpenſe de chair, les
Abſtinents ont eux-meſmes recognu que cela eſt iuſte, la ſeconde
des deux Miſſiues de l'Abbé de Prieres rapportée cy-deſſus, eſcrite
vn peu apres cette imaginaire ſuppreſſion d'eſtroite Obſeruance,
eſt vn teſmoignage authentique de cette Iuſtice, auſſi que pourroit il y auoir de plus iniuſte que cette alternatiue, ou d'eſtre Abſtinent ou d'eſtre ignorant. Dans l'Ordre de Ciſteaux il y a vn College regulier en la premiere Vniuerſité du Monde qui eſt celle de
Paris, & pour y eſtudier il faut renoncer à vne diſpenſe du Sainct
Siege, auquel l'Abbé de Prieres & ſes adherans ne veulent pas
obeïr, encores que leur Obſeruance n'en reçoiue aucun dom-
mage, ils n'y ſont point troublez, les Officiers du College ſont
de cette Obſeruance, ceux qui en font profeſſion la pratiquent
actuellement dans le College comme dans leurs Monaſteres. Au
prejudice dequoy ſi l'affectation des *Abſtinents* auoit lieu d'en exclurre les Religieux de la Cómune Obſeruance, ce ſeroit introduire
l'ignorance dans l'Ordre, ou du moins oſter aux Religieux vne

facilité de deuenir sçauans, partant l'abus est en l'appel, dautant
plus que l'appel est d'vne chose actuellement faite d'vn commun
accord, sans qu'il y en aye eu iugement, si ce n'est le Bref de
1647. qui en est confirmatif. Et sur ce poinct, comme sur celuy
de la retraite des *Abstinents* de l'Abbaye de Cisteaux & autres
actes volontaires en grand nombre faits par les *Absti-nents*, ils n'ont
point encores fait paroistre de priuilege pour estre receus à venir
contre leur propre fait, au preiudice de la sincerité Chrestienne
Ecclesiastique Religieuse & Reformée, & encores pour estre resti-
tuez à l'encontre sans s'estre pourueus par les voyes de droict, qui
est à dire sans auoir Lettres pour estre releuez des approbations
acceptations & executions qu'ils ont & continuent enceres à present de faire des actes desquels ils sont appellans comme d'abus.

V. Les *Abstinents* sont appellans comme d'abus des institutions
de Prouiseurs Procureurs & Regents au College des Bernardins,
données par Dom Claude Vaussin à present Abbé de Cisteaux,
depuis qu'il est entré en possession de cette Abbaye en l'an 1646.
& des institutions de Prieurs Claustraux par luy données en quelques Abbayes esquelles sont les *Abstinents*, & desquelles les Abbez sont Commendataires, *Toutes ces institutions* ont esté données
à des *Abstinents*, acceptées par ceux qui les ont eu, approuuées
& executées pour tous les autres, C'est le droict des Superieurs
Maieurs de l'Ordre dans les Abbayes qui sont en Commende,
selon qu'il est iustifié par la cotte P. de la seconde production
desdits Wyart & Tedenat: Et pour ce qui est du College, il est
iustifié par les cottes G. H. I. de la production de l'Abbé de Cisteaux, qu'il n'a rien entrepris sur les *Abstinents*, ce qui est encores iustifié par la cotte L. de la production desdits Wyart & Tedenat. L'Abbé de Cisteaux a fait visite sur les *Abstinents* dans le
College des Bernardins le 14. May 1648. les *Abstinents* n'en sont
point appellans comme d'abus, & quatre fois en l'année ils font
lire la carte de cette visite, Qui les a forcé dans Paris à subir ces
actes de iurisdiction durant plusieurs années ? ils recognoissent
tacitement ne pouuoir estre releuez ne le demandants pas, de
leurs submissions, volontaires en ce qu'ils les ont fait, & necessaires
en ce qu'elles ont esté du deuoir de leur profession, en laquelle
l'Abstinence n'exempte pas de l'Obeissance, laquelle est essentielle
puisque c'est l'vn des vœux solemnels, & on ne fait point de vœu
de l'Abstinence.

V I. Les *Abstinents* sont appellans comme d'abus de la disposition de Dom Pierre Gautier de la charge de Procureur du Col-

Cy deſſus pages 87. & ſuiuantes.

lege des Bernardins, & de la ſubſtitution de Dom Pierre de Lancy en ſa place, ce ſont deux Abſtinents, de Lancy n'eſt point intimé à la requeſte des autres ſur cét appel comme d'abus, il exerce actuellement la charge, l'Abbé de la Charmoye Prouiſeur du College par inſtitution de l'Abbé de Ciſteaux traitte auec de Lancy en qualité de Procureur, il en eſt de meſmes de tous les autres Abſtinents, ils en ont vſé ainſi à l'égard de Gautier & de Dom Placide Petitſon predeceſſeur, tous deux ſucceſſiuement inſtituez Procureurs du College par l'Abbé de Ciſteaux. Il a deſtitué Gautier, les Abſtinents au Parlement, Gautier & encores les Abſtinents auec luy au Grand Conſeil, ſont appellans comme d'abus de la deſtitution de Gautier, il ne peut auoir eſté mal deſtitué, qu'il n'aye eſté bien inſtitué, ſon inſtitution eſt de l'Abbé de Ciſteaux, que les Abſtinents s'accordent auec eux meſmes pour concilier s'il eſt poſſible vne telle contradiction.

Cy deſſus page 83.

VII. Les Abſtinents ſont appellans comme d'abus de l'inſtitution de Dom François Barthelemy Thiboult, en la Charge de Prieur Clauſtral de l'Abbaye des Vaux de Cernay. A quoy eſt à adiouſter, que non ſeulement il y a eu Arreſts de prouiſion pour le Prieur des Vaux contre les Abſtinents, mais de plus l'Abbé de la Charmoye Vicaire general de l'Ordre l'a recognu Prieur de cette Abbaye, en y faiſant la viſite dont il a eſté parlé cy-deſſus.

Cy-deſſus pages 95. & ſuiuantes.

VIII. Les Abſtinents ſont appellans comme d'abus des definitions du Chapitre general de 1651. en ce qu'elles ſe trouuent (diſent les Abſtinents) contraires au Saints Canons Regles & Statuts de l'Ordre, aux ſentences de reformation des Commiſſaires Apoſtoliques, & aux droicts & priuileges des Abſtinents, tous ces termes ſont de leur langage, & il eſt monſtré cy-apres en vn mot qu'il n'y a point d'abus en ce Chapitre general, parce qu'il n'y a rien de contraire aux choſes auſquelles les Abſtinents ſuppoſent qu'il ſoit contraire.

Cy-deſſus pages 96. & 97.

IX. Les Abſtinents ſont appellans comme d'abus ſpecialement de deux articles du Chapitre general de 1651. portans enregiſtrement de deux Reſcripts de Cour de Rome, (ainſi appellent les Abſtinents les Brefs ſuſdits) l'vn du Pape Vrbain VIII. du 5. Decembre 1635. & l'autre du Pape Innocent X. du premier Feurier 1647. de l'execution deſquels Brefs qui ſont expliquez cy-deſſus n'y ayant point d'appel comme d'abus par les Abſtinents, ils ne ſont pas receuables en l'appel comme d'abus de l'enregiſtrement, qui n'a rien adiouſté aux Brefs, & leſquels eſtans canoniques, puis qu'ils ſont iuſtifiez tels, & que les Abſtinents

nents

nents ne se sont point pourueus à l'encontre, l'appel comme d'abus
de l'enregistrement est dautant moins receuable qu'il est inutile,
quand les Brefs n'auroient point esté enregistrez au Chapitre general, ils n'auroient pas moins leur effect.

X.   Les *Abstinens* sont appellans comme d'abus de la distitu-
tion de Dom Ioseph Arnolfini Abbé de Chastillon, de la charge
de Vicaire general de l'estroitte Obseruance, c'est à dire sur les
Monasteres de l'Abstinence, de destitution il n'y en a point, le
Chapitre general de 1651. n'a pas destitué l'Abbé de Chastillon du
Vicariat, mais le vray de ce fait est, que selon la police de l'Ordre
tous les Vicariats d'iceluy sont expirez au moment que le Chapitre General s'assemble, selon qu'il est iustifié par la cotte A. de la
croisiesme production desd. Wyart & Tedenat, par le moyen dequoy celuy de l'Abbé de Chastillon ayant cessé, comme ceux des
Vicaires des Prouinces, dés l'instant que le Chapitre General de
1651. a commencé, il n'a point esté destitué ny deposé, mais il a
cessé d'estre Vicaire, le Chapitre General pour cause necessaire a
ordonné qu'à l'auenir ce Vicariat seroit en deux, & a nommé
deux *Abstinens* pour l'exercer sans faire aucune mention de l'Abbé
de Chastillon, c'est ce que les *Abstinens* prennent pour destitution, en quoy il n'y a point d'abus, puisque l'acte est conforme
à la police de l'Ordre, à laquelle sans prejudicier à l'Abstinence
les *Abstinens* sont obligez, comme ceux de la Commune Obseruance, par vn des Chefs de la sentence de M. les Deleguez,
Et en la mesme sentence ayant esté ordonné que les Superieurs
Majeurs & autres ne pourroient donner autres Superieurs & Visiteurs aux *Abstinens* que de leur Obseruance, il est iugé auec
eux qu'ils les doiuent receuoir du Chapitre General, & par consequent le Chapitre General qui en a l'institution en a aussi la destitution.

XI.   Auant que les *Abstinens* ayent interiecté toutes les susd.
appellations comme d'abus par requeste du 14. Ianuier 1655. ils
ont presenté au Parlement vne autre requeste le 6. Feurier 1654.
à ce que l'Arrest qui interuiendroit sur les appellations & opposition desd. Wyart & Tedenat, qui est tout ce dont la Cour estoit
alors saisie, fust declaré commun auec Dom Claude Vaussin
Abbé de Cisteaux & Dom Louys Martel Abbé de Pontigny,
lesquels par le moyen de cette requeste ont esté rendus parties au
present procez, auquel les Abbez de la Ferté Clairuaux & Morimond ne sont point parties, encores qu'ils y ayent pareil interest,
estans trois des quatre premiers Peres de l'Ordre, tous les autres

Cy-dessus page 99.

En vn sac particu-
lier des *Abstinents*.

Abbez inferieurs qui ont des filiations subalternes y ont pareil
interest pour leur Iurisdiction, chacun des Abbez Titulaires de
la Commune Obseruance aussi pour la sienne, & tous les Religieux des cinq Abbayes Electiues pour leur droict de voix actiue
dans les Elections d'Abbez, & les mesmes Religieux & tous les
autres de l'Ordre pour la voix passiue dans les mesmes Elections,
& encores pour leur droict de stabilité, & pour les Emplois dans
les charges Generales & locales de l'Ordre, neantmoins toutes
ces parties interessées au Procez ny ont point esté appellées, & la
consideration de ce que lesd. Wyart & Tedenat y sont parties de
la part du Chapitre General a retenu les *Abstinens* d'y faire assigner
tous les autres susdits, pourquoy l'assignation aux Abbez de Cisteaux & de Pontigny, c'est vn secret Impenetrable de la conduite
des *Abstinents*, ils le reuelerent quand ils voudront, estant indifferent de le sçauoir.

Tout ce que les *Abstinents* ont mis en auant pour pretexte de
leurs appellations comme d'abus se resout en deux poincts.

I. Que tous les actes dont ils sont appellans comme d'abus,
par lesquels le Corps de l'Ordre de Cisteaux est maintenu en la
Commune Obseruance, & tous les Abbez & Religieux d'icelle
és droits qui leurs appartiennent en vertu de leurs tiltres & de leurs
professions, & aussi tous les actes de Superiorité faits par le Chapitre general l'Abbé de Cisteaux & les quatre premiers Peres à
l'égard des *Abstinents*, sont nuls, par ce que selon les Conciles & autres saints decrets & selon les Ordonnances tous les Religieux
profez sont obligez de viure & de se reformer à cette fin selon la
primitiue institution & Obseruance de leur Ordre.

Il a esté monstré cy-dessus és pages 22. 23. 24. & 25. que toutes ces dispositions de droict ne doiuent estre entendues & executées que pour ce qui est de l'essentiel des vœux de la profession
reguliere.

Si dans vn Ordre il y auoit quelque vsage qui fust derogeant
ou contraire il seroit abusif, & il n'y auroit ny tiltre ny temps qui
peust le faire valoir, mais quand il y a dans vn Ordre regulier, hors
ce qui est de la substance des vœux quelque Obseruance autrement pratiquée que selon ce qui est prescript par la regle & par les
constitutions anciennes de l'Ordre, & que ce changement y a esté
fait par authorité du Saint Siege, sans laquelle comme la Regle
n'oblige point, aussi la mesme authorité descharge de ce dont elle
dispense de la Regle & des anciennes Constitutions, en ce cas vne
Obseruance de cette qualité n'est point comprise dans la disposi-

tion des Constitutions canoniques & des Ordonnances Royaux.

Cette proposition est vn principe de la qualité de ceux qu'il n'est point permis de mettre en controuerse, ny de contester auec les Nouateurs qui les denient.

Il en resulte vne consequence decisiue pour ce different, que s'il y a dispense de l'Abstinence dans l'Ordre de Cisteaux par autho-rité du Saint Siege, les saints Decrets les Ordonnances la Regle de Saint Benoist & les anciennes Constitutions de l'Ordre de Ci-steaux n'obligent point à l'Abstinence, & l'vsage de la dispense n'est point abusif, tous les Abbez & Religieux de l'Ordre qui en vsent sont en leur deuoir sur le poinct de l'Obseruance de l'Ab-stinence, & on ne peut rien exiger d'eux pour ce regard au delà de ce qui est en vsage dans l'Ordre.

En vsant de la dispense ils ne diminuent rien de l'innocence de leur Estat, encores moins peuuent ils estre reputez criminels, pour auoir esté traitez comme tels Messieurs les Cardinaux de de la Roche-Foucauld & de Riche[...], desquels le second n'est ia-mais entré en cognoissance de l'Estat de l'Ordre de Cisteaux, & le premier en a esté si peu instruit, que par le premier Chef de sa premiere sentence il a ordonné que les Monasteres de l'Ordre se-roient visitez pour cognoistre qu'elle en estoit l'Obseruance.

C'est donques auec raison qu'à l'entrée de ce discours il a esté dit que le different consiste en faict, lequel est de sçauoir s'il y a dispense de l'Abstinence dans l'Ordre de Cisteaux & si elle est canonique, l'vn & l'autre sont establis par la discussion qu'il y a cy-dessus de tout ce qui est contentieux en ce ce different, d'où s'ensuit que le premiere des deux pretextes des appellations comme d'abus des *Abstinents*, n'a point de fondement.

11. Apres la destruction du premier celle du second est trop facile.

Il consiste en ce qu'ils disent que tout ce qui a esté fait en l'Or-dre depuis les Sentences de M. le G. de la Roche-Foucauld est a-busif, pour y estre contraire, dautant que par ces sentences en lais-sant aux Abbez & Religieux profez de la Commune Obseruance l'vsage de la dispense, qui est par ce moyen iugé legitime, on ne leur a laissé que la vie, on leur a osté l'honneur & les fonctions de leur profession, tout est transmis aux *Abstinents* pour eux & les nouueaux Religieux qui seroient admis en l'Ordre moyennant qu'ils fussent *Abstinents*, ce n'est pas reformation, c'est changement d'Estat, la reformation abolit ce qui est en la pratique d'vn Ordre sans establissement canonique, le changement oste ce qui peut y estre auec Iustice, l'vn est ordonné par le droict, l'autre c'est defendu, partant l'abus est euident és sentences de M. le C. de la Roche-Foucauld, & il ne peut y auoir d'abus és actes contraires à ces Sentences, puis qu'elles sont abusiues.

Le motif qui les a faict infirmer par M. les Deleguez, anneantir par le Saint Siege, reietter par le Roy & les Cours Souueraines, est que ces sentences sont contraires à ce qu'il y a de plus certain dans le Droict pour les Ordres Reguliers, qu'ils doiuent demeurer au dernier estat auquel ils ont esté mis par le Saint Siege, & tout ce qui est ordonné au contraire est abusif.

Partant les appellations comme d'abus de la part du Chapitre general ne peuuent receuoir de contestation raisonnable, parsque les Sentences de M. le C. de la Roche-Foucauld sont abusiues, par la raison pour laquelle elles ont esté iugées nulles.

Il y a d'autant moins d'apparence en la pretension des abstinens, que la fin de leur poursuite n'est pas de se maintenir en leur Obseruance, ils n'y sont nullement troublez.

Mais d'exclurre des droits de l'Ordre tous ceux qui ne voudront pas se soufmettre à leur Obseruance.

Pour donner couleur à leur pretension ils traduisent par des faits calomnieux, mais Vagues & Generaux, leurs Superieurs Maieurs & mesmes les Chapitres Generaux, pour faire presumer dans le public que la discipline reguliere soit toute peruertie dans l'Ordre de Cisteaux.

S'il y auoit quelque Censure a exercer sur l'Ordre, ce ne seroit point à eux, d'où prouient leur mission pour argüer leurs Superieurs & les autres personnes de l'Ordre, sur les mœurs desquels ils n'ont aucun droict d'inspection ny de controlle.

Le Chapitre General pour rendre raison de l'Estat de l'Ordre au Parlement, & non pas pour se iustifier à l'endroit des *Abstinens*, soustient positiuement.

I. Que dans l'Ordre il y a obligation d'obseruer tout ce qui est de l'estroite Obseruance, qui est ce que les *Abstinens* obseruent & quelque chose de plus hors l'Abstinence, si quelqu'vn de Messieurs les Iuges auoit esté en l'Abbaye de Cisteaux qui est le Chef de tout l'Ordre, en celle de Clairuaux, & autres.

Et en celle de Prieres qui est la principale de l'Abstinence, comme la plus opulente en biens, située sur le bord de la mer, ou l'Abstinence non seulement est commode mais delicieuse, par la pesche ordinaire des poissons les plus exquis, & en abondance, il seroit certain qu'il y a autant & plus d'austerité dans les Cloistres

de

de Cisteaux & de Clairuaux & autres grands Monasteres de l'Ordre, & qu'il en est de mesme en des Monasteres particuliers, comme entre autres l'Abbaye de Bonneual en Roüergue, en laquelle depuis les dernieres années du present procez vn *Abbé Regulier & vn †Religieux sont decedez en reputation de Saincteté.

* Dom. Geraud de Noaïgues.
† Dom Anthoine Tenieres.

II. On ne denie pas qu'il n'y aye dans la Commune Obseruance comme dans l'Abstinence, des personnes és mœurs desquelles il peut y auoir à redire, ce mal n'est point singulier en l'Ordre de Cisteaux, il luy est commun auec tous les Ordres Reguliers & toutes les compagnies Ecclesiastiques & Laïques, il n'y en a point ou il n'y aye quelqu'vn qui s'oublie, c'est vn mal-heureux effect du peché qu'il y aura tousiours des pecheurs, *Vitia erunt donec homines* dit Tacite.

Il n'est pas estrange que l'Ordre de Cisteaux en la seconde multiplication ou il est par vne quantité inombrable de Monasteres, ayel'affliction de sçauoir qu'il y aye des Religieux moins vigilans qu'ils ne deuroient à satisfaire à leurprofession, dés la premiere institution & plus ardente ferueur de cét Ordre, dans vn desplus anciens monuments d'iceluy qui est appellé *Magnum Exordium Cistercij*, pour IV. Abbé de Cisteaux, Successeur de Saint Estienne, ces Anciens Peres, entre lesquels estoit Sainct Bernard, eleurent *Widonem quendam, qui donis externis ad instar Sepulchri dealbati non mediocriter pollens, interius erat putredine Vitiorum sordens, hunc Cistercio custodem permisit Deus, hunc Bernardo Parentem, hunc Amedeo, vtrique Petro, Ioanni, & Reliquis viris sanctis pastorem desiit, hunc Stephano in officio successorem, quo magis omnibus liquidò constaret, nullum omnino incrementum rebus humanis, nullamue permanentiam, nisi ab ipso.*

Dans le mesme premier siecle de l'Ordre, Sainct Bernard estant Abbé de Clairuaux, a eu le deplaisir d'auoir non pas vn simple Religieux mais son Secretaire, qui auoit passé de l'Ordre de Cluny, dans lequel il estoit Religieux estimé & affectionné de Sainct Pierre le venerable Abbé de Cluny, en l'Ordre de Cisteaux, ayant pour object domestique & familier l'Incomparable Saint Bernard, neantmoins ce Secretaire a violé la fidelité qu'il deuoit à Dieu & à son Prelat, & a esté conuaincu de larcins & de faussetez, mesmes enuers le Pape Eugene III. auquel Sainct Bernard en la 298. de ses Epistres a fait la description de cét Apostat, il l'a finit par ces mots, *vobis quoque aliquoties in eadem falsitate scripsisse, & non semel, partim & conuictus partim & confessus est, de turpitudinibus eius quibus terra sordet, & factæ sunt omnibus in Parabolam,*

H h

super sedeo polluere labia mea & vestras aures, &c.

La misericorde de Dieu sur l'Ordre de Cisteaux, auquel il y a maintenant plus grand nombre de Monasteres & peut estre de Prouinces, qu'il n'y auoit alors de Religieux, l'a preserué d'accidens approchans de ces deux exemples deplorables.

Les Assemblées des Chapitres generaux & les visites des Superieurs Majeurs, qui sont en cet Ordre comme tous les autres, & qui n'y seroient point necessaires, s'il y auoit asseurance probable que tous les Religieux fussent exempts d'auoir besoin des remonstrances de leurs Superieurs pour leur ramenteuoir leur vocation, maintiennent la discipline Reguliere.

Il est vray que les Commendes des Abbayes, desquelles en ce siecle plusieurs ne souffrent pas de moindres dommages, que ceux qu'il est iustifié cy-dessus y auoir eu dans les precedents, les calamitez prouenantes des guerres & autres troubles au Temporel en plusieurs Monasteres, ont continué d'estre dans les derniers temps comme dans les plus esloignez, des empeschemens difficiles à surmonter en la direction d'vn si grand Ordre, pour faire que par tout la Regularité aye esté esgalement obseruée.

Mais il est tres vray que depuis que les *Abstinents* se sont esteuez en l'Ordre, le dessein qu'ils ont formé sous l'apparence specieuse de reformation, ou de mettre l'Ordre en leur dependance, ou de se rendre indepédans, a esté vne nouuelle & derniere cause de trouble dans l'Ordre depuis pres de quarante années, ainsi qu'il apert par les circonstances du faict deduit & iustifié cy-dessus, d'où il est arriué que les Religieux de la Commune Obseruance pour se soustraire à l'authorité & à la iustice des Superieurs Majeurs ont eludé leurs soins & leur pouuoir, tant par fiction de deuenir *Abstinents* (pretexte de desobeissance) que par appellations comme d'abus, qui ont esté plus frequêtes en l'Ordre depuis quelques années que dãs tous les têps precedens, esquels les apellations de quelque qualité que ce soit estoient tres rares, mais ce qui les a multiplié a esté l'assistance que les Religieux de la Commune Obseruance rebelles à leurs Superieurs ont receu des *Abstinents*, qui ont fomenté leur reuolte pour entretenir le trouble dans l'Ordre, & auoir pretexte de dire qu'on ne puisse pas esperer d'y voir la regularité en vne parfaite consistance s'il n'y a changement de l'estat de l'Ordre.

Surquoy les *Abstinents* ont esté si complaisans à eux mesmes, que d'auoir escrit & publié, que depuis trois cens ans l'Ordre de Cisteaux estant en decadence, la Prouidence eternelle les auoit predestiné pour en estre les Reformateurs, & auoit reserué pour eux ce grand ouurage, comme *viuants en vne parfaite Regularité, dans l'estroite & entiere Observance de la Regle, recogneus tels approuuez loüez & gratifiez par les Chapitres generaux & Superieurs dudit Ordre*, c'est le texte du fueillet 32. de l'inuentaire de la premiere production des *Abstinents*, composé par l'Abbé de Prieres comme tous leurs autres escrits & imprimez, surquoy trois reflexions à faire.

I. Sur ce qu'ils se disent estre dans l'estroite & entiere Observance de la Regle. Pour establissement du contraire il ne faut que conferer la Regle de Saint Benoist & le premier institut de l'Ordre de Cisteaux qu'ils ont produits au procez, auec les articles que les *Abstinents* ont fait pour leur Observance dans leur assemblée des Vaux de Cernay, faite sous l'authorité de l'Ordre & auec sa permission, par ce moyen on verra la diuersité qu'il y a entre l'estroite & entiere Observance de la Regle de l'Ordre & l'Observãce des *Abstinents*, & en faisant vne autre conference entre les Chapitres generaux de l'Ordre produits au procez, auec les mesmes artic. des Vaux de Cernay, il se verra qu'en l'Observance Cõmune de l'Ordre il y a obligation non seulement à tout ce que les *Abstinents* obseruent hors l'Abstinence, mais encores à des exercices plus laborieux & plus loüables en la vie Religieuse, comme par exemple le chant quasi continuel en l'Eglise, tant de nuict que de jour, que les *abstinents* ont reduit à basse note pour les heures de la nuict, mesmes en leurs Communautez plus nombreuses, comme est celle de l'Abbaye de Prieres, qui n'est pas neantmoins de trois cent Religieux comme les *Abstinents* ont voulu faire croire, c'est tout ce qu'ils pourroient faire de trouuer trois cents Religieux en leur Observance, desquels il n'y en a pas vingt capables de direction actiue, ce qui monstre l'indiscretion de leur zele, de vouloir ranger sous leurs loys autant & plus de Monasteres de l'Ordre de la Commune Observance dans le Royaume qu'il y a de Religieux en l'Abstinence.

II. En ce qu'ils disent qu'ils ont esté approuuez loüez & gratifiez par les Chapitres Generaux & Superieurs dudit Ordre, ils font voir leur imperfection par les plus foibles & les plus lasches des pechez, & les plus indignes des personnes ayants quelque part en la vertu, sçauoir le mensonge & l'ingratitude, les discours cy-dessus rapportés des *Abstinents* destruisans les plaintes qu'ils ont fait en plusieurs & diuers endroits de leurs escrits, que les Chapitres generaux & les Superieurs Majeurs ont voulu les opprimer & estouffer la reforme, puisque les Superieurs Majeurs de l'Ordre les ont

V. de la product. principale desdits Vuyart & Tedenat. Regle de S. Benoist. L. de la production principale des Absti-nents. Premier Institut de Cisteaux. L. de ladite prod. des Abstinens, art. des Vaux de Cernay.

approuué loüé & gratifié, ils ne peuuent se garentir de la conuiction d'vne insigne calomnie par eux mesmes, en ce que sur la fin
du fueiller precedent ils ont dit, *Que les Chapitres generaux & les
Superieurs & Visiteurs de l'Ordre estoient deuenus ennemis de la veritable Regularité.*

III. Non seulement ce qu'ils se declarent eux mesmes, *viuans en
vne parfaite regularité* & mesprisants les autres, fait voir le contraire,
puis qu'en se glorifiant ils tesmoignent n'auoir pas l'humilité ny la
charité sans lesquelles il n'y a plus de solide Religion dans le Christianisme n'y dans les monasteres, *detrahendo quippe fratribus, in qua
temeptisum extollis, perdis humilitatem, in qua alios deprimis charitatem,
quæ sunt procul dubio charismata meliora,* c'est Saint Bernard au
chap. VI. de l'apologie cy dessus alleguée, ou en suitte parlant de
ceux qui pretendent estre plus estroitement en l'obseruance de la
Regle, & de ceux qui vsent des dispenses, *si concedas aliqua posse mu-
tari dispensatoriè, procul dubio & tu illam tenes & ille, quamquam dis-
simi liter, nam tu quidem districtius, at ille fortasse discretius.*

Mais de plus *les abstinents,* auroient deu s'abstenir de la presomption qu'ils ont d'eux mesmes, & se tenir à la belle leçon que Sainct
Augustin a fait à tous les Reguliers qui se presument plus auancez
que d'autres en la perfection, ayant dit de sa famille Ecclesiastique
& reguliere, de laquelle il estoit l'autheur & le Pere viuant *Quan-
tumlibet vigilet disciplina domus meæ, mihi arrogare non audeo, vt domus mea melior sit quam arca Noë, vbi tamen inter octo homines repro-
bus vnus inuentus est, aut melior sit quam domus Abrahæ, vbi dictum est eüce ancillam & filium eius, aut melior sit quam domus Isaac,
cui de duobus geminis dictum est Iacob dilexi Esaü autem odio habui,
aut melior sit quam domus ipsius Iacob, vbi lectum Patris filius incesta-
uit, aut melior sit quam domus ipsius Dauid, cuius filius cum sorore con-
cubuit, cuius alter filius contra tam sanctam mansuetudinem rebellauit,
aut melior quam cohabitatio Pauli Apostoli, qui si inter bonos omnes habi-
taret non diceret foris pugnæ intùs timores, aut melior sit quam cohabitatio ipsius Domini Iesu Christi, in qua vndecim boni perfidum &
furem Iudam tolerauerunt, aut melior postremò quam Cælum, vnde
Angeli ceciderunt.*

Dernier chef & tres-important des Instances.

L A Requeste d'interuention des Estrangers, presentée par eux
au Parlement, pour faire voir l'interest qu'ils ont & la part
qu'ils prenent en l'affaire pour maintenir en l'Ordre la Commune
Obseruance,

CXXV.

Obſeruance, qui eſt à dire l'vſage de la diſpenſe, dans lequel depuis plus de cent cinquante années il n'y a point eu de changement és Monaſteres de l'Ordre de Ciſteaux hors de la France.

Le motif de l'interuention eſt la fidelité des Eſtrangers pour l'vnion de l'Ordre, duquel ſi l'Eſtat eſtoit changé, ſelon que *les Abſtinents* ont pretendu par le moyen des Sentences de M. le C. de la Roche-Foucauld, les Superieurs Majeurs ſeroient *Abſtinents*, & voudroient reduire à la meſme Obſeruance les Eſtrangers, leſquels pour preuenir le combat où ils ſeroient engagez, entre leur auerſion au changement d'Obſeruance, & leur reſpect & Obeïſſance autant ou plus grande que des François enuers les Superieurs Maieurs de l'Ordre qui ſont en France, obtiendroient d'autant plus facilement du Saint Siege (qui a fait l'vnion de tous les Monaſteres de l'Ordre par l'approbation de ſon Inſtitut & de la Charte de charité) d'eſtre ſeparez & deſvnis de l'Ordre, & auoir des Chapitres Generaux en Italie ou en d'autres Pays, que non ſeulement les Roys & autres Souuerains intercederoient à cette fin pour leurs ſubiets, Mais deplus le Sainct Siege ſeroit tout diſpoſé à ce changement, voyant celuy qui auroit eſté fait en France, au preiudice des Bulles & des Brefs par leſquels le Sainct Siege auroit pourueu à l'empeſcher, en conſeruant *aux Abſtinents* l'abſtinence, & à la commune Obſeruance de l'Ordre la diſpenſe.

Contre cette interuention *les Abſtinents* obiectent.

I. Que l'interuention a eſté faite ſoubs le nom des Eſtrangers par leſd. Wyart & Tedenat, ſans que les interuenants dénommez en la Requeſte en ayent donné charge.

Reſponſe, il n'y a aucuns des interuenants compris és qualitez de la Requeſte d'interuention, deſquels il n'y aye procuration, & depuis la Requeſte preſentée ſont encores arriuées des Procuration des Monaſteres de l'Ordre en d'autres pays eſtrangers, *les Abſtinents* ne peuuent ignorer & ne deuroient pas diſſimuler les procurations qui leur ont eſté communiquées au nombre de XXVII. en vertu deſquelles l'interuention a eſté faite à la diligence de Dom Euſtache de Beaufort Abbé de Sept-fonts, qui a eſté chargé des Procurations.

II. Que la pluſpart des Eſtrangers ſe ſont ſeparez de l'Ordre par des Congregations, & que le peu qui reſte d'Eſtrangers qui prennent part aux intereſts de l'Ordre, à paru par le petit nombre d'interuenants au procez iugé par M. les Deleguez, & d'Aſſiſtants de la part des Eſtrangers au dernier Chapitre General.

Reſponſe, Il eſt iuſtifié cy-deſſus que tout ce qu'il y a de con-

Appert par leur Requeſte du 9. Feurier 1660

Pages 19. & ſuiuantes.

gregations de quelques Monasteres de l'Ordre dans les pays estrangers est actuellement en l'vnion soûmission & obeïssance à l'Ordre, comme sont tous les autres Monasteres estrangers non agre-
gez. Par la Sentence des M. les Deleguez il est expressement porté qu'il y a eu interuention des Abbez & Religieux de l'Ordre de
toutes les Nations de la Chrestienté, & il appert que trente six Procurations y ont esté produites. Les mesmes interuentions de tous
les Estrangers ont esté au procez iugé à Rome sur l'opposition des
Abstinents à la Confirmation de la derniere élection d'Abbé de
Cisteaux. Et par le dernier Chapitre General il y a assistance ou
excuse de tous les Estrangers, excepté les Castillans, à cause
de la guerre entre les deux Couronnes, entre lesquelles la paix
estant à present, on se peut tenir asseuré que tous les Estrangers sans exception viendront au premier Chapitre General de
l'Ordre, l'Estat d'iceluy estant maintenu comme on espere de la
Iustice du Parlement contre la pretension *des Abstinents*.

III. Que l'interest du Roy & de la France, de conseruer les
Estrangers en l'vnion de l'Ordre duquel le Chef est en France,
dans l'obligation de venir au Chapitre General qui est tenu en
France, & en l'obeïssance à l'Abbé de Cisteaux & aux quatre premiers Peres qui sont sujets du Roy & residents en France, n'est
plus considerable, puisque le Roy obtenant du Pape la delegation de M. le C. de la Roche-Foucauld pour la reformation de
l'Ordre de Cisteaux en France, a bien voulu la separation qui
pouuoit arriuer des Estrangers de l'Ordre en consequence de
cette reformation, & de plus que par les Lettres Patentes du 7.
Aoust 1651. le Roy ayant approuué les Sentences de M. le C. de
la Roche-Foucauld, il a consenty l'inconuenient qui peut arriuer
de l'execution de ces Sentences par la des-vnion des Estrangers de
l'Ordre.

Response, ce discours des *Abstinents* est contraire au respect
qu'ils doiuent au Roy, & aux intentions de sa Majesté, & à la
verité des deux faits qui sont objectez.

I. Les Brefs de delegation de M. le C. de la Roche-Foucauld
obtenus du Pape au nom du Roy ont esté pour reformer l'Ordre
de Cisteaux, & non pour en changer l'Estat, les actes au nombre
de sept par lesquels il appert cy-dessus que le Roy a improuué ce
changement d'Estat en l'Ordre, sont des demonstrations plus que
suffisantes que sa Majesté a entendu, qu'il ne fust rien innoüé dans
l'Ordre qui pust apporter aucune alteration à l'vnion des Estrangers.

II. Par les Lettres Patentes que les *Abstinents* ont fait expedier par surprise il n'est nullement fait mention des Estrangers, ny de leur dessein de se separer de l'Ordre si l'Estat d'iceluy estoit changé, & les clauses sous la condition desquelles les Lettres ont esté octroyées, font voir que le Roy n'a nullement voulu l'effect d'icelles au cas qu'il fust aucunement contraire aux droits de sa Couronne & de son Estat.

Comme elles seroient par le demembrement qui en arriueroit des Monasteres Estrangers d'vn des Grands Ordres reguliers de l'Eglise, institué en France, duquel le Roy est Fondateur & Protecteur.

Il y auroit eu sujet d'vn Incident en ce procez, sur la demande qui auroit peu y estre faite de la part *du Chapitre General,* aux fins de reparation & suppression des discours outrageusement iniurieux que l'Abbé de Prieres y a escrit, contre l'honneur des deffuncts & des viuants de l'Ordre, par des faits supposez.

Non seulement pour ne pas multiplier les instances du procez, cette demande qui auroit esté iuste & necessaire a esté differée en vn autre temps, mais encores pour trois autres raisons.

I. Ce sont iniures trop atroces en qualité & quantité, pour estre traictées en iniures de procez.

II. l'Abbé de Prieres ne s'est pas contenté de ietter le venin de sa plume en des escritures, qui n'auroient esté veues que par Messieurs les Iuges, lesquels voyans ce qui y est opposé, auroient veu la calomnie surmontée par la verité.

Par vn gros Volume in Quarto, de 4 4 2. *pages en petit caractere* (*toutes à peu pres noircies de quelques mensonges*) intitulé *Defense des Reglements pour la reformation de l'Ordre de Cisteaux,* Imprimé à Paris en 1656. auec le nom deux Libraires, *Presenté par les Abbez & Religieux Abstinents* auec vne requeste à l'Assemblée generale du *Clergé de France,* pour l'exciter à interuenir en ce procez au Parlement, ce qu'elle a reiecté comme vne tentation, *Publié* & distribué par l'Autheur, *Debité* comme vn Liure curieux en vne des boutiques de la Grande Salle du Palais, *Leu* par sa direction en des Refectoirs de Religieuses *Abstinentes,* *l'Abbé de Prieres a mis l'Ordre de Cisteaux en opprobre & en scandale par toute la terre.*

III. C'est vn crime d'Ecclesiastique, d'vn *Prestre Abbé Regulier,* Il auroit demandé son renuoy à l'Eglise, s'il auoit esté poursuiuy par accusation en Iurisdiction Laïque, pour euiter vne contestation sur l'establissement des Iuges, *l'Ordre de Cisteaux* proteste de se pouruoir par les voyes Canoniques, pour en auoir Iustice.

POVR CONCLVSION

Vne reflexion sur l'estat du procez.

IL n'y est point question de faire des Reglements en l'Ordre de Cisteaux.

Quand le Parlement à pris soin de la Reformation de quelques Monasteres particuliers, ce qui n'est iamais arriué d'vn Ordre entier, il y a eu des Arrests de deputation de quelques-vns de Messieurs les Conseillers pour auec des Peres d'Ordre entendre les Religieux & les regler.

Il ne s'agit icy que de iuger des appellations comme d'abus, lesquelles se reduisent en vn point.

S'il y a ou non dispense de l'Abstinence continuelle de chair en l'Ordre de Cisteaux par concession ou authorité du Saint Siege.

l'Affirmatiue estant iustifiée cy-dessus, il s'ensuit par vne consequence necessaire, qu'il y a abus és Sentences de M. le C. de la Roche-Foucauld, & en tout ce qui a esté fait en suite pour les *Abstinents* ou par eux contre la police de l'Ordre, & qu'il n'y à point d'abus en aucun des actes dont les *Abstinents* sont appellants comme d'abus.

S'il y auoit occasion ou pretexte (quoy que non) de douter de l'establissement de la dispense, les parties en ce cas deuroient estre renuoyées au Sainct Siege pour leur estre pourueu.

La reformation de l'Ordre est toute faite, les *Abstinents* sont reputez reformez, ils ne sont nullement troublez en leur Abstinence, mais maintenus & gratifiez par les Superieurs Majeurs, ceux de la Commune Obseruance sont obligez aux mesmes regularitez, que les *Abstinents*, à la seule exception de l'Abstinence.

Le Chapitre General de 1651. à ordonné toutes les precautions necessaires, & pour les profez & pour les Nouices, pour entretenir la discipline reguliere dans l'Ordre.

Quand les *Abstinents* obeïront ainsi qu'ils doiuent aux Superieurs Majeurs, il n'y aura plus de manquement ny de retardement à faire subir l'estroite Obseruance de l'Ordre hors l'Abstinence, par tous les Abbes & Religieux de l'Ordre qui sont en l'vsage de la Dispense.

Les Superieurs Majeurs esperent que la diligence qu'ils y apporteront, sera protogée par la Iustice & l'authorité du Parlement,

Par

CXXIX.

Par ce moyen l'Ordre de Cisteaux, dans lequel il ne peut y auoir diuersité d'Obseruance que sur l'Abstinence, sera ce que Sainct Bernard conseille sur les differents entre Reguliers au Chapitre IV. de l'Apologie susdicte, *Audi propter hoc quod Apostolus ait, Vnusquisque in ea vocatione in qua vocatus est permaneat, quod si quæru cur & à principio non elegerim, si talem sciebam, respondeo, propter hoc quod rursus ait Apostolus, omnia mihi licent sed non omnia expediunt*, l'vne des Obseruances pourra mutuellement dire à l'autre sur l'Abstinence & la dispense, les mots par lesquels ce Grand Sainct finit cét article, *Tibi eam fideliter tribuo, & mihi salubriter subtraho.*

Partant le *Chapitre General* conclud à ce que sur les appellations comme d'abus desd. Wyart & Tedenat, il soit dit qu'il a esté mal nullement & abusiuement procedé, *Que les Abstinents soient deboutez de l'effect des Lettres Patentes, & declarez non receuables en leurs appellations comme d'abus.*

Monsieur DE SAVEVSE *Rapporteur.*

❧❧❧❧❧❧❧❧❧❧❧❧❧❧❧❧❧❧❧❧

PARTITION
ET REPERTOIRE.

K k ij

K k   iij

Abandon-

Lī

Fin de la Table.

Omissions & fautes en l'impression.

PAge XLVIII. en la penultiesme ligne apres ces mots *ils disent*, adioustez *au feüillet 45. de leur production principale.*

page LX. en l'article commençant 5. *Avril* 1645. apres ces mots *Le Roy y seant* adioustez, *Au rapport de Monsieur le Chancelier.*

page LXV. en l'article commençant, *Celle de Clairuaux* apres les mots *Du Conseil*, adioustez *d'Estat.*

page LXXXVII. en l'article commençant, *Lequel par le discours*, apres ces mots *en son Conseil d'Estat*, adioustez *Par le Parlement.*

page CXXIV. en l'article commençant, *Mais de plus* apres ces mots *Sainct Augustin*, adioustez *en l'Epistre* CXXXVII.

page XIV. en la marge lisez *Alexandre VI.*

page XLVI. en la marge au lieu *de treiziéme production* lisez *troisieme production.*

Page LIII. ligne septiesme, au lieu de ce mot *Sentiments*, lisez *Sentences.*

page LIX. en la quatriesme ligne, au lieu de ces mots *quatriéme production*, lisez *premiere production.*

Page LXXVII. en l'article qui commence *Mais les Abstinents*, au lieu de ce mot *l'Arrest*, lisez *le Bref.*

page LXXVIII. en l'article qui commence *Ce College*, lisez *Bachalaurei*, & plus où il y a *Ce qui est l'assignat*, lisez ce qui est apres *l'assignat.*

page LXXXV. en l'article qui commence *Contre lesquels*, lisez *Par lesquels.*

page XCV. la premiere ligne au lieu de *Iuin* 1651. lisez *Iuin* 1650. en la mesme page en la marge au lieu de *B.* lisez *B. B. de la production des Abstinents.*

page XCVI. en l'article qui commence II. *est le X. Article* au lieu de *troductos* lisez *introductos*.

page XCVII. en l'article qui commence IV. est le *XXIV.* art. au lieu de 1651. lisez 1635.

page CI. en l'article qui commence *XI. C'est vn*, au lieu qu'il y a *Decret de Dispense*, lisez *Decret de permißion*.

page *CXV.* en la penultiefme ligne, au lieu du mot *Dispofition*, lisez *Depofition*.

page CXXIII. en la marge en la premiere addition au lieu de *L.* lifez *B*.

page *CXXIV.* en l'article qui commence III. *Non feulement* apres ces mots *De la regle* au lieu qu'il y a *Et de ceux*, lisez *& que eeux*.